落合寿和

スタンリー・キューブリック監督に捧げる

目次

序章　9
第一章　字幕翻訳家への道　13
大学入学以前……14
大学時代……17
社会人1年目……22
いよいよ字幕翻訳家デビュー……25
ショートコラム①「Come On!」が誤訳になる時……32
第二章　訳しのテクニック　33
1秒4文字の神話……34
1行の文字数は？……48
点　どうする？……51
字幕の句読点……54
ルビと傍点……58
ところで――……59
作品より先に風化する字幕……61

歌う字幕……62
語順と改行……64
Evan と Ivan……66
エルヴィス？　プレスリー？……68
人名を活かす……71
その兄弟は年上？　年下？　そしてガチバーン映画祭……72
２階だ！……76
一番？　１番？……77
「を」……81
壁の向こうにはイタリックがいる……84
字幕の声……87
セリフに近い字幕……90
俺、おれ、オレ（詐欺じゃないけど）……92
消される地名……93
「せねば女」と「なのかね男」……96
脚本訳……97

字幕翻訳の流れ……100
字幕翻訳のキャパシティ……104
タイピング……107
映画は1枚の透明なガラス……108
ショートコラム②読めなくてもいいつもりで出す字幕……110

第三章　ラビリンス／字幕の迷宮　111

肩書きと台本の種類……112
朽ちる想い『戦争のはらわた』……114
妹の銃弾が兄を動かすドラマ『ワイルド・スピード SKY MISSION』……117
『ポゼッション』……122
『ザ・クレイジーズ』……126
『ナイト・オブ・ザ・リビング・デッド』……130
『キャリー2』の夢……131
『ヘルレイザー4』の神……133
優しい店長、鬼になる……135
『バビロン5』……136

『オルカ』……140
『ホフマン物語』……146
『戦艦シュペー号の最後』……148
『XYZマーダーズ』とキューブリック監督……156
翻訳するとドウカする『怪物の花嫁』……162
臨戦態勢の床掃除　破壊力抜群の『マニトウ』……164
『チャック&バック』誤訳の告白……166
地面が揺れ始めてからじゃ遅いぞ、逃げろ……168
字幕作っちゃう事はないの?……170
ショートコラム③『暴走機関車』で迷走する上下関係……178

第四章　明日に向って訳せ　179

字幕の著作権とは?……180
音声解説の字幕のクレジット……182
製作者と監督または『天国の門』……184
字幕修復家……187
字幕翻訳のノウハウのオープンソース化……189

海外産の日本語字幕……190
アレックス・コックス監督作品……195
よりよい字幕を作る方法……198
『名人』から『職人』へ。……203
字幕版を見ようキャンペーン……205
字幕の競演……206
字幕を作った人の顔は見えない方がいい……208
あなたの漢字は何文字？……210
配給会社（か製作会社）が提供してくれる台本の功罪……212
カンニングです……214
映画という財産……215
ショートコラム④娘が嫁になる『サランドラ』……218
終章　ヘザーとヘザー219
あとがき……222

序 章

写真=『XYZマーダーズ』

読者の皆さん、初めまして。字幕演出家の落合寿和です。これまでに訳してきた分野は、映画、音楽、テレビドラマ、報道ドキュメンタリー、スポーツ、ファッションなど。今は『王様のブランチ』という情報番組の映画コーナーで、来日スターや監督のインタビューの翻訳をしています。さらに沖縄県那覇市にある桜坂劇場で「ガチバーン映画祭」と題して毎月、映画の上映もしています。これは自分で字幕翻訳した作品を中心に観客と一緒に映画を見るもので、字幕を作る立場の人間が主催するという珍しい企画です。この映画祭を楽しみにしてくれているファンも増え、２０１８年10月には33回目の上映を行ないました。

字幕というのは言葉を扱う、奥が深い世界です。例えば「学園」と「学院」の違い。学園は学生や生徒が集まり学ぶ園。学院は「院」が建物を指すので学ぶ建物。要するに人に重点を置いた表現が学園で、場所に重点を置いた表現が学院になります。そう考えると「病院」はあっても「病園」はなさそうです。病気が集まり、病気を広める園となると、ブラックユーモアとしても笑えません。やはり病院は病気を治す建物（＝場所）でしょう。このように普段何気なく使ったり目にしている言葉の奥深さから、そのニュアンスをできるだけ簡潔に、かつ的確に選別し、表現しようとするのが字幕作りです。

こうしたニュアンスの表現は、いくら客観的に判断しても、結局はその言葉を選ぶ人の主観になります。それでも時間的な制限や文字数の制限など、いくつもの制約がある字幕の世界では、できるだけ客観的な判断をしていきたいわけです。

ところで翻訳の仕事をする人は税務署の分類では「文筆業」になります。インターネットがここまで普及した今では、この文筆業は1日24時間全く外出しなくても平気という事が多くなります。同業者同士の交流も多くはありません。その結果、客観性が重要な字幕作りに有用な情報の共有もなかなか進みません。いわゆる学会のような組織もなく、専門書の類もあまり見かけません。そんな状況ですが、何もしないでいては何も始まりません。有用な情報の共有は価値ある事です。本書がそれを始めるきっかけになったらと願っています。

まだ序章ですが、もう少し別の例を挙げます。「ケータイ」と「携帯」。字幕の場合、どちらがいいか。フィルムに焼き付ける時、画数の多い漢字は文字全体が白くなってしまう事がありましたが、それは過去の話です。今の技術では「携帯」も判読できるので、その制限はありません。では、「ケータイ」と「携帯」のどちらを一般の人は好むのか。そもそも「一般の人」とは誰か。それは作品によって変わります。メインの観客層が子供なのか若者なのか、もっと上の年齢層なのか。それも考慮すべきです。セリフを言っている人が何歳くらいなのかというのも判断材料になります。ここで翻訳家は「主観」で「より客観的」に考えます。

私はこの「主観」を本物の「客観」にできたらと思います。時間がかかる作業だと思いますが、字幕の客観的な評価、効果、建設的な意味での誤訳の指摘。先ほどの「ケータイ」と「携帯」の、選び方のガイドライン作り。字幕特有の制約も踏まえてのガイドラインを作れたらとも思っています。

漢字の取捨選択もそうです。「完璧」という漢字を完璧に書けない人は案外多いでしょうが、読めない人は少ないでしょう。「復讐」もそうです。字幕に関しては、これをわざわざ「完ぺき」とか「復しゅう」にしなくてもよいのではないかと私は思います。でも、これも「翻訳家の思い込み」かもしれません。テレビを見ていると「絶滅危惧種」が「絶滅危ぐ種」だったり。道路標識だと「A埠頭」を「Aふ頭」にしていたりします。そういえば道路標識用に簡略化された漢字というのがあるようです。車を運転している時は読めない情報があっては危険ですが、テレビの場合は少し状況が違うわけです。「危惧」と漢字にして、そこに「きぐ」とルビを付ければいいだけではないのか。漢字の勉強にもなります。そもそも「絶滅」の「滅」の方が漢字、難しいし…。後述しますが、朝のニュース番組のコーナーディレクターをしていた時、私が担当するコーナーではルビを付けるという方法を取っていました。ただ、これは30年近く前の話で、最近はどうなのでしょうか。

本書はこうした字幕についてのあれこれを書いたものですが、第一章では大学に入るまで英語を話した事がなかった私が、どのようにして字幕翻訳家になっていったのかを振り返ります。第二章以降で、この10年ほどの間に書き溜めたエッセイに加筆修正したものを織り交ぜて、字幕について書いていきます。この中で本書を「スタンリー・キューブリック監督に捧げる」理由も説明していきます。

文筆業は孤独な仕事です。そのため、私は人と会って話す機会があるとお喋りになります。本書ではそのお喋りに皆さんもお付き合い頂けたらと思います。

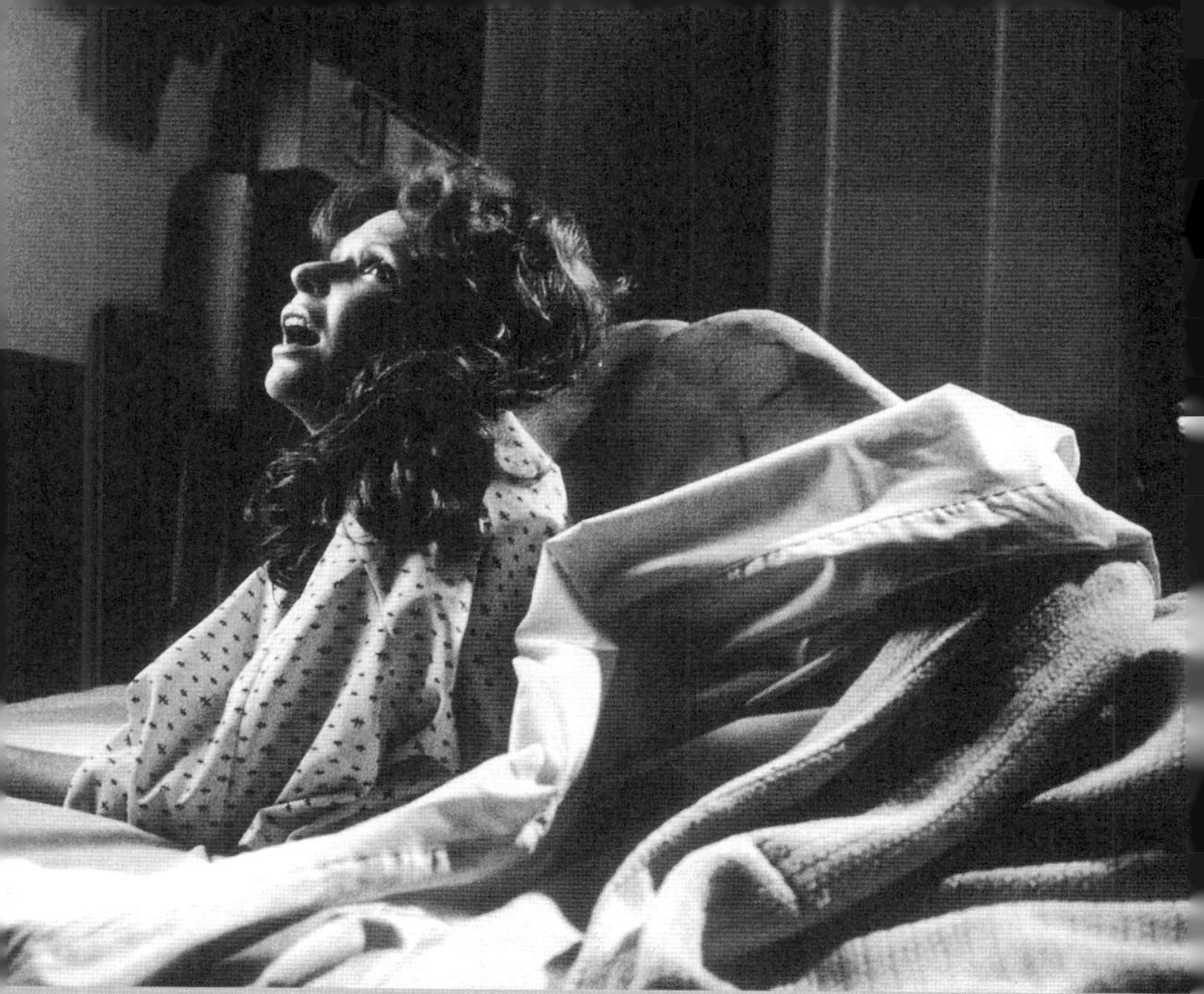

第 一 章

字幕翻訳家への道

写真=『マニトウ』

大学入学以前

私は1967年に神奈川県三浦市で生まれました。映画館での（大人向けの）映画鑑賞原体験は『タワーリング・インフェルノ★』（75年6月公開）。三浦半島の最南端に当時あった三崎松竹という映画館。今でもあの日の記憶は残っています。トラウマではないですが、本当に恐かった。そして『燃えよドラゴン★』と『エクソシスト★』の二本立て。『燃えよドラゴン』が目当てで行ったのに終盤近くに劇場に入り『エクソシスト』を乗り越えないと『燃えよドラゴン』を最初からは見られない状況。結局、『エクソシスト』が恐くて途中で逃げ出してしまい、その時は『燃えよドラゴン』は終盤しか見られませんでした。その後も『トラック野郎★』などを三崎東映で見て、どんどん映画が好きになり『人間の証明★』、『宇宙戦艦ヤマト★』、『スター・ウォーズ★』、『野性の証明★』あたりからペースを上げて映画館通いが始まりました。

『ナイル殺人事件★』、『グリース★』、『ピンク・パンサー4★』、『グレートスタントマン★』、『Mr.Boo!★』、『グローイング・アップ★』、『ブリンクス★』、『ベルサイユのばら★』、『スーパーマン★』、『レベルポイント★』、『エイリアン★』、『マッドマックス★』…。このあたりの作品はどの劇場で見たのか、作品によっては、場内のどのあたりの席で見たのかも覚えています。『ナイル殺人事件』は横浜の旧ムービルでの上映。立ち見の大盛況で、ロビーを抜け、場内に続く扉の内側まで人があふれ、私も途中から客席への階段の途中で次の上映を待ちました。スクリーンは見えないけれど、暗い中で音だけ聞こえます。銃声です。「あ、誰か死んだ」、そしてまた銃声。さらに銃声、と数分ごとに誰か死んでいる様子。「どんな話なんだろう」と、最初から見るのが待ち遠しくて仕方ありませんでした。『ピンク・パンサー4』は馬車道の東宝会館で見てピーター・セラーズの大ファンになり、『ピンク・パンサー3★』はテレビ放映で大爆笑し、平塚の映画館での上映を見付けて劇場でも字幕版で見直しました。これらの作品の中には後に私自身が新訳字幕を担当する事になる作品もありましたが、もちろん当時はそんな事を知る由もなく、映画に夢中でした。

とはいえ中学、高校時代は映画だけでなくローラースケートと旅行も好きで、旅行は周遊券と寝袋を持って、ヒッチハイクもしながら（当時の旅行日誌を見ると中学から高校にかけて２００台ほどヒッチハイクしています）北海道、四国、九州などを長期の休みに旅行し、ローラースケートは高校時代、アメリカンローラーＹｏｋｏｓｕｋａというスケートリンクの社会人クラブに所属し、フィギュアの選手でもありました。もっとも私は運動神経が鈍く、大した成績は残せませんでしたが。このリンクはいわゆるローラーディスコだったので、しっかりしたＤＪブースがあり、高校の放課後、お客さんが少ない時間帯には私自身がブースに入り、好きな曲をかけまくっていました。この時期は日本での洋楽の黄金期の１つ。このリンクは私の耳が英語に慣れるのに、ちょうどいい環境になっていた気がします。これが80年代前半。東京国際映画祭が始まった時期（85年）でもあります。（その時に見た『ＸＹＺマーダーズ★』も後に新訳を担当する事になりました。）

そして高校3年になり、映画好きが高じて青山にあるシナリオ・センターに通い始めました。高校時代は家庭教師のアルバイトをしていたので、映画も旅行もスケートもシナリオ・センター通いも、自分で稼いだお金で賄う事ができていました。この時の基礎科の教室には後に『3年B組金八先生』の脚本を書く事になる清水有生さんもいました。大学は桜美林大学の英文科に進みましたが、横浜放送映画専門学院（現・日本映画大学）の進路説明会に行き今村昌平監督直々に相談に乗ってもらった事もあります。

『タワーリング・インフェルノ』The Towering Inferno（74・米）ジョン・ギラーミン
『燃えよドラゴン』Enter the Dragon（73・米）ロバート・クローズ
『エクソシスト』The Exorcist（73・米）ウィリアム・フリードキン
『トラック野郎　爆走一番星』（75・日）鈴木則文
『人間の証明』（77・日）佐藤純彌
『宇宙戦艦ヤマト』（77・日）松本零士／舛田利雄
『スター・ウォーズ』Star Wars（77・米）ジョージ・ルーカス
『野性の証明』（78・日）佐藤純彌
『ナイル殺人事件』Death on the Nile（78・英）ジョン・ギラーミン
『グリース』Grease（78・米）ランダル・クレイザー
『ピンク・パンサー4』Revenge of the Pink Panther（78・英）ブレイク・エドワーズ
『グレートスタントマン』Hooper（78・米）ハル・ニーダム
『Mr.BOO!ミスター・ブー』半斤八両（76・香港）マイケル・ホイ
『グローイング・アップ』Lemon Popsicle（78・イスラエル／米）ボアズ・デヴィッドソン
『ブリンクス』The Brink's Job（78・米）ウィリアム・フリードキン

『ベルサイユのばら』Lady Oscar（79・日／仏）ジャック・ドゥミ
『スーパーマン』Superman（78・米）リチャード・ドナー
『レベルポイント』Over the Edge（78・米）ジョナサン・カプラン
『エイリアン』Alien（79・米）リドリー・スコット
『マッドマックス』Mad Max（79・豪）ジョージ・ミラー
『ピンク・パンサー3』The Pink Panther Strikes Again（76・英）ブレイク・エドワーズ
『XYZマーダーズ』Crimewave（85・米）サム・ライミ

大学時代

大学時代は横須賀市で自炊の1人暮らしをして町田の大学に通っていたため、映画館では映画をあまり見られなくなりました。でも幸い、高校3年の終わりに地元のビデオレンタル店のアルバイトを始める事が出来、（店長さん公認で）閉店後にビデオを借りて開店前に返す事で映画を見まくりました。ビデオレンタルが1本1泊1000円から1500円もした時期で、ビデオブームの少し手前というか、ブームになっていたけどピークの手前というか…。店長さんは入荷作品の選定時、私の意見も容れてくれて、30㎡ほどの店舗でしたが1日の売り上げが20万円を超える事もありました。

そうして通っていた桜美林大学での学科は英文科。横須賀には米軍基地があります。近所に米軍関係者がたくさんいました。ある時、高校時代の同級生から「そういえば家の前に、また新しくアメリカ人の家族が越してきたよ」という話を聞き、そのアメリカ人家族に挨拶に行ってみようと思い立ちました。

1986年10月の2週目の日曜の朝。大学1年だった私は「こんにちは、私は落合寿和です。英文科で英会話の勉強中です。お向かいの友達から最近越してきたと聞きました。よかったら話をしたいと思って来ました」と英語で言いました。迷惑そうな顔をされたらすぐ謝って退散しようと思っていましたが、その家のお父さんのマイクが「ああ、いいよ。電気代とか色々、払い方が分からず困っていたし」と歓迎してくれたのです。

ところで私は英文科に入るまで特に英語を話した事はありませんでした。この少し前の夏に4週間、アメリカのオハイオ州に短期留学したのが最初でした。日本国内は各地を旅していましたが、飛行機に乗ったのもその時が初めてでした。その程度の英語力でしたが、マイクはその場で私を家に招き入れてくれ、コーヒーを出してくれました。日曜の朝です。マイクはドイツ系のハワイアン。マイクの奥さんのクリスはリノのカジノで働いていた事があり、2人はリノのカジノでディーラーと客として知り合ったという話でした。そして二人の間にはヘザーという娘がいました。

この日から、私のご近所留学が始まり、週に数日はヘザーの家に顔を出すようになり、一緒に食事をしたり、鎌倉や都内の観光に行ったりしました。ここで名前が出てくるヘザーというのが、私が今経営している有限会社ヘザーという社名のヘザーなのですが、彼女は77年生まれで当時は8歳でした（ヘザーの話は最後に書こうと思います）。マイクは空母ミッドウェイに乗り、戦闘機に燃料を入れる仕事をしていました。出航すると数ヵ月帰らない事もありましたが、そんな時も留守番のクリスとヘザーの案内役として行き来し、2人に英語を鍛えられる日々が続きました。

そして大学3年後期から1年間、カナダのケベック州モントリオールのコンコーディア大学の映画学科に交換留学生として留学しました。へザーたちのおかげでしょう。留学前の段階で普通に英語で授業を受ける能力があると認められ、ESL（English as a Second Language）の授業ではなく映画学科の専攻の授業を履修する事が認められました。この1年間は授業でも映画を見たので、留学期間の10ヵ月の間に劇場とビデオとケーブルテレビで500本近く映画を見たでしょう。インターネットが一般に普及する前なので、日本からの情報は限られ、国際電話も1分50円なら安いと思った時代でした。これが88年秋から89年春。86年の短期留学で親しくなった友達が大勢いるオハイオは、モントリオールから1000キロほど。そのオハイオの友達から1200ドルで車を譲ってもらい、留学中にこの車で北米横断と縦断もしました。この時、アメリカ各地の国立公園めぐりもしました（車は帰国時に500ドルで売れました）。

先ほど書きましたが、この留学時、私が履修したのは映画学科の専攻ばかりでコンコーディア大学から見ると、私は専門課程を1年修了していました。一般教養の2年は桜美林で履修済み。桜美林大学から見ると、カナダでの私の履修科目は全て英語での授業だったため、英文科の専門課程として認められ、卒業まで半年。ここで私が思っていたのは、「残り半年を桜美林に通い、卒業して、その後、またカナダに戻って1年前後コンコーディアの映画学科の授業を受けよう」という事でした。そうすれば桜美林の4年プラス1年で大学を2つ出られると。実際、それが認められたかどうかは分かりませんが、そう考えながら私は89年の夏に帰国しました。同時にこうも思っていました。「新卒の就職活動は一生に1回。これを経験しない手はない」と。もう6月になっていましたが、確か、東宝、松竹、エピックソニー、東北新社、アミューズ、アスミックあたりは新卒の採用試験の応募に間に合いました。

さらに7月だったか、「ぴあ」が主催するPFF（ぴあフィルム・フェスティバル）で、公募審査員を募集しているという事で、応募してみました。これは8月から9月にかけて1ヵ月ほどの間に8ミリフィルムの作品を中心とする応募作、時間にして合計100時間近い作品を、ぴあの試写室でできるだけ見て、本選考に進める作品を選ぶという役割でした。この公募審査員で一緒だったのが、いまおかしんじ監督でした。最終審査員に大林宣彦監督がいた第12回PFFです。

公募審査員として8ミリ作品を見まくる日々の中、就職試験も続き、松竹では最終面接まで進みました。でも奥山融副社長（当時）に「君は英語が得意らしいけど、試験はそれほどでもなかったよ」と言われ撃沈。残り11人で1人落ちるという状態の1人になりました。一方でアミューズから内定をもらう事ができました。この合格の報せを受けたのは平河町のぴあの試写室でした。うれしかったです。そして、卒業後にカナダに戻るより、ここで頑張ろうと思いました。桑田圭祐さんが『稲村ジェーン★』を完成させ、『ザジ ZAZIE★』が公開を控え、『十五少女漂流記★』の製作準備が進んでいた頃です。

内定をもらい、10月くらいからはアーティストのプロモーションで有線放送局やラジオ局、テレビ局などを訪ねたり、ライブでの物販のサポートをしたり、TBSの当時の人気番組『いかすバンド天国』では演奏収録時の出演者のサポートとOA当日のスタジオでの人の動きの交通整理などをやらせてもらいました。「たま」がグランドイカ天キングになり、同時に「マルコシアス・バンプ」が登場した頃は毎週、収録とOAの現場にいました。毎週の生放送と収録に使われていた日比谷シャンテのスタジオの地下は駐車場以外の部分が迷路のようで、出演バンドのメンバーにトイレの道案内をする必要もありました。日劇では『バットマン★』が鳴り物入りで公開されていた頃です。

そういえば松竹の奥山融さんに「英語の試験、それほどでもなかったよ」と言われてしまいましたが、この頃、国連英検のA級には合格しました。アミューズには喜多郎さんも所属していて、海外での活動が多い彼のツアーの資料を日本語に訳すという作業も研修中にやりました。

そして90年3月、大学を卒業する時が来ました。しかし当時の私は弱く、入社前の研修で疲れ果ててしまっており、入社そのものを悩んでいました。そして健在だった亡父と話す中で「ムリをしない方がいいよ。ムリして人に迷惑をかける結果になるより」という助言から、アミューズの関係者の皆さんには本当に申し訳なかったのですが、私は卒業式当日に内定を辞退しました。こう書いている今も「申し訳ありません」という気持ちが残っています…。

『稲村ジェーン』（90・日）桑田佳祐
『ザジ ZAZIE』（89・日）利重剛

『十五少女漂流記』（92・日）吉田健
『バットマン』Batman（89・米）ティム・バートン

社会人1年目

卒業式当日、卒業証書をもらったその足で大学の就職部に行き、事の顛末を伝えました。交換留学生の1人だった私を就職部長の先生は覚えていてくれて、結局、私はコンピュータのレンタル業務の会社（現在のSMFLの一部）に就職が決まりました。カナダに戻る選択が消えた事よりも、研修に疲れた自分の弱さへのショックが大きかった私は、「この会社でとにかく頑張ろう」と働き始めました。ただ、卒業式の翌日に面接を受け、「こうも急に採用してもらったので、他の新入社員になる人たちと足並みを揃えられないと悪い」と思った私は、この会社の就職部長さんに「研修はできますか？」と聞きました。すると、その翌日から研修に来てくれという事になりました。3月20日頃だったはずです。そして4月の入社式。同僚となる新入社員が10人ほど集まりましたが、この会社では事前研修を特にやっていなかった事が判明し、私だけ10日ほど研修を先に受けてしまった形になっていました。その結果、10人ほどの新入社員が数人ずつに分かれ、社内の各部署の仕事の流れを見ていくという入社式後の研修が、ほぼ私だけ先に終わった状態になっていたのです。そこで少し時間を持て余してしまった私は、偶然ですがラジオの文化放送で「翻訳部門新規開設につき、在宅翻訳者を募集します」という告知を知りました。

ここまで書いてきて「翻訳」という言葉を初めて使っているわけですが、この時まで私は「翻訳」でお金を稼ごうと思った事はありませんでした。アミューズでの研修で喜多郎さんの資料を訳してはいましたが…。それでも興味を持てば調べてみたくなるもの。「在宅」だし、どんなものなのか私は問い合わせをしました。そしてトライアルを受け、それをパスして5月には仕事が少し来るようになりました。副業の規定がどうだったのかは覚えていません。恐らく通常は特段、注意する必要がある話でもなかったのでしょう。いずれにせよ、A４の紙の英語の資料を日本語に訳すという程度のもので、それが数ヵ月後には月給を超える事になるとは思ってもいませんでした。そして7月中旬の週末の3日間で月給を超える量の翻訳依頼が来ました。この文化放送翻訳部の仕事にはミッレミリア（イタリアのクラシックカーレース）の概要を伝えるような資料があったのを覚えています。

こうなるとさすがに―またも不義理な話ですが―「翻訳で食べて行けるのではないか？」という思いが強くなりました。そこで8月上旬、コンピュータのレンタル会社に辞表を出したのです。もちろん営業部長さんには事前に状況を伝えてあり、暗黙の了解を得ていたし、辞表の段になった時も「お前、辞めるのはいいんだけど、そもそも、どうしてここに来たの？」と言われました。3月に1人だけの研修に行った日から半年後、私はこの会社を退職しました。いずれにせよ退職当日の段階で、すでに翻訳案件があり、最後の出勤日の夜から私は徹夜で翻訳をしました。その翌朝。A４で30ページほどの翻訳原稿を完成させたのはいいのですが、眠いのに当時のワープロのプリンターは遅く、さらにオートシートフィーダーがあったか、まだなかったか…。1枚印刷するのに1分くらいかかりました。プリントアウトを終え、それをファックスで送って納品完了になるわけですが、眠い。

そこでまた偶然、手元にあったジャパンタイムズの月曜版（人材募集広告がまとめて掲載される曜日でした）を私はボ〜っと眺めました。すると、この英字新聞の英語で書かれた人材募集欄に「（英語で）テレビ番組の制作プロダクションで人材求む。雑用など。映画好き歓迎」といった具合の広告がありました。「映画好きの雑用係…、わざわざ英字新聞に載せているし、気になる」という事で朝9時半には寝られる状態になったのですが、10時まで待ってそのプロダクション（タイムワープ）に電話してみました。昨日まで営業部の新人だったので、その口調で。眠かったけれど、起きたてのような口調で。そこで私が「カナダの大学の映画学科に留学経験があり、今は翻訳で食べているのですが、どういう人材の募集でしょうか?」と、要点としてはそういう事を聞きました。すると社長さんが電話に出てきて「君、今日の午後こちらに来られるか?」と聞いてきたので、眠かった私は「もちろんです」と答え、そのまま寝ずにタイムワープの面接を受けに行きました。

いよいよ字幕翻訳家デビュー

この会社はテレビ朝日系で土曜の深夜に放送されていた『ハロー!ムービーズ』という映画の情報番組を制作していたプロダクションでした。30分ほど面接というか、好きな映画のジャンルとか、モントリオールでの映画の授業の話などをしたと思います。その後、「これから見せる部分を字幕風に訳してみて」とビデオを見せられ、その場で口頭で訳しました。英語を聞き起こした原稿(スクリプト)のない素材です。EPKと呼ばれる映像集が業界内で一般化し始めた頃です。EPKはエレクトリック・プレス・キットの事で、プレス向け資料の電子版です。要するにDVDやブルーレイなどのソフトの「メイキング特典」とか「スタッフ&キャストのインタビュー集」のようなものが1本のテープに集約されたものです。この時に見たのは『カナディアン・エクスプレス★』のEPKでした。スクリプトなしで初めて耳にするセリフやインタビューをその場で訳していき、その場で番組の翻訳者として採用されました。字幕に関する知識はそれまで特にあったわけではなく、「1秒4文字が目安だよ」と、そのプロダクションで教えてもらい、私は字幕を作り始めました。『ハロー!ムービーズ』は30分番組で毎回5本から7本ほどの新作を紹介していました。私の前任者は武満徹さんの娘さん、武満真樹さん。現在、彼女は音楽の方面で活躍していますが、当時は翻訳をしていて『日曜洋画劇場』の吹替版の仕事のウエイトが増えたために『ハロー!ムービーズ』を降りたところでした。そこで私がその後を担当させてもらう事になったのです。

当時、このプロダクションでは、もう1つ大きなプロジェクトがありました。WOWOW開局です。WOWOWは試験放送開始時に特番を作り、本放送開始時にも特番を作りました。試験放送開始時の特番は12時間の長い番組『1億人の映画マラソン』というものでした。この番組では12時間かけて「あなたの心に残る1本」という感じの人気投票を365位からカウントダウンしていくランキング番組で、合間に「世界の映画の現場」のような取材コーナーがあり、LA、NY、ロンドン、パリ、香港だったと思いますが、各地の映画人に取材し、その話を紹介する部分がありました。私はLA、NY、ロンドンを取材してきた3人のディレクターそれぞれに同席し、何十本もある素材を見ながらその場で訳し、使えそうな部分を抽出して、それを字幕として訳すという作業をしました。3人のディレクターそれぞれと2日か3日、みっちりモニターの前で過ごして1週間。その結果、確か1時間くらい「翻訳してくれ」という映像が抽出され、それを聞き起こし、タイミングも取りながら字幕を作る作業をしました。タイミングを取るというのは、映像素材に記録され、リセットをかけられない絶対番地である時間信号（タイムコード）の時・分・秒・フレームの全てをメモする事です。さらに翻訳以外のAD的なサポート仕事もこなし、ランキングされた作品で映像がないものに関しては、スチルを集めに走ったりしました。『黒部の太陽★』のスチルを調布の石原プロモーションに借りに行くとか、そういう作業でした。

こうして私の字幕翻訳家としての人生が始まりました。1990年10月27日（土）、私が作った字幕が初めて電波に乗りました。

『ハロー！ムービーズ』に話を戻しますが、私がちょうど仕事を始めた頃、『パシフィック・ハイツ★』という20世紀FOX配給の作品がアメリカで公開される前で、そのEPKの最後に『ホーム・アローン★』の予告が入っていました。番組のディレクターとEPK素材を最初から最後まで見て面白い部分を抜き出し、そこだけ翻訳するのですが、毎週30分の番組の仕込みで見る素材は、おおざっぱに言って10本ほど。20分から1時間くらい、作品によって長さは様々でしたが、だいたい毎週3時間から5時間分の素材をディレクターと見て、そこから「使うかもしれない場面」やインタビューを30分抜き出して、放送では15分使う感じでした。ちなみに、この作業を今やったら丁寧すぎて製作費がなくなります。さらに来日スターや監督の独自インタビューも製作費からENG（Electric News Gathering＝取材班）を出して撮り、それも訳していましたから。

話を戻して『ホーム・アローン』ですが、この時はアメリカでも劇場公開前（アメリカ公開は1990年11月）でした。でも予告が余りにも楽しかったので、同席していた番組ディレクターに「（メインの『パシフィック・ハイツ』は置いといても）これはぜひ入れましょう！」と言って、その予告を訳しておきました。それが確か私の翻訳担当2回目のOAの中の新作紹介で使われたのですが、結果的にアメリカでの公開時期と重なりました。当時はインターネットが普及していなかったので『ホーム・アローン』の情報をいち早く紹介したのが、この番組という事になりました。とはいっても、早すぎて誰も注目していなかったから、目立ったわけではありませんでしたが。

この頃は本当に情報が限られていたので、私は毎週アメリカのヴァラエティ誌を読み、プロダクションに届いた英語版のプレスキットの翻訳もしていました。これに『1億人の映画マラソン』の仕込みが同時進行で、さらにその素材スチル集めもやっていたので、ずっと自宅の作業場にこもりきりの今とは違い、ずっと家に帰れない状態が多かったのを思い出します。

それでもメインの翻訳作業のかたわらで『ハロー！ムービーズ』では独自取材でのインタビューもさせてもらい、『プリティ・ウーマン★』で来日したリチャード・ギアや『トータル・リコール★』のアーノルド・シュワルツェネッガーの取材に行かせてもらいました。取材と言っても10分程度、ありがちな質問をするだけでしたが。

そうするうちにＷＯＷＯＷの試験放送が１９９０年11月30日に始まり、やっと翻訳家かＡＤか分からない立場から解放されたら、今度はＴＢＳの報道局で外信ディレクターをやる事になりました。１９９1年4月に放送が始まった『ニュースコール』です。キャスターは、私が担当した曜日は柴田秀一アナと山岡三子キャスターで、別の曜日は松原耕二アナと小笠原保子アナでした。この番組での私の直接の所属先はメディアウェイという、大先輩の田中まこさんがいる会社でした。そこにＴＢＳの子会社である東放制作が発注し、私は外信部が担当する海外中継のコーナーのディレクター。この仕事は私自身が海外へ取材に行くのではなく、海外の特派員が現地取材した素材を日本側で編集し、ナレーション（多くは特派員本人が原稿を書いて、それを読んでいる声自体も素材として送ってきてくれていましたが）を乗せ、翻訳テロップを作り、コーナー用のＶＴＲを作ります。ＯＡ時には、海外との生中継になるので、赤坂のスタジオの調整室に入り、日本側からの呼びかけのキューワード、ＶＴＲに入る時の海外側のキューワードなどを決め、（ネット通信はなかったので）海外側に今どんな画面がＯＡされているのか刻々と伝える作業をしていました。「ＣＭあけました」「東京のスタジオ撮り切り」「ＮＹの再撮入りました」「ＮＹ、撮り切りました」「ＶＴＲ入りました」「ＶＴＲあけまで10秒前」等々…。このディレクターの仕事を15ヵ月ほど続け、併行して『ハロー！ムービーズ』の翻訳、さらにはＣＤの対訳などもやっていました。

この時期に対訳をしたものにはパール・ジャムのデビューアルバム『ＴＥＮ』などもありましたが、今見ると穴を掘ってでも入りたくなるくらい下手というか、訳すべき行間がまるで見えていない訳や、単なる誤訳もあり、恥ずかしい限りです。

その後、1年少しで『ニュースコール』を卒業した私はＣＢＳ48アワーズの日本語版『新ドキュメントＵＳＡ』という1時間番組のディレクターを任されました。これはアメリカで放送されたエピソードを日本側の独自ラインナップで放送する番組でした。アメリカでは年52週のうち10週少し再放送や特番を入れて休みを確保します。1年52週のうち新作は40本以下です。毎週、あまり休まず律儀に放送する日本ではエピソードが不足してくるため、再放送も少し混ぜ、さらに48アワーズ以外の『ＣＢＳスペシャルＪＦＫ暗殺の真相』、『ヒトラーとスターリン恐怖の遺産』といった特番も入れていました。この番組は下訳（翻訳の前段階として大まかな訳をつけること）をする人がいて、私が赤入れ監修し、吹替版を作り、字幕部分には字幕を入れる編集をし、放送フォーマットに沿って時間を調整し、ラ・テ欄（新聞のテレビ番組表）の原稿を書き、使用楽曲の詳細を法務部に報告し…というタイムキーパーとプロデューサーとディレクターをまとめてやるような仕事でした。これは、番組フォーマットを時折変えつつ、結局10年ほど続ける事になりました。こうして書いていて思い出しましたが、1時間の放送枠の中で何分何秒から何分何秒までＣＭという一覧表、Ｑシートを書いてＯＡ素材に入れるのですが、これを30秒間違えて記入してＯＡが30秒黒味になり、本編が30秒削れてしまうという放送事故を—深夜でしたが—起こした事があります。

この間も本木雅弘さん司会の映画の情報番組『21世紀シアター』（ＷＯＷＯＷ）、『こぶ平・伊代の映画行こうぜ』（ＷＯＷＯＷ）、『シネマ通信』（テレビ東京）などの映画の情報番組の字幕部分を担当し、現在も続けている『王様のブランチ』の映画コーナーまで、この28年間、ほぼずっと映画の情報番組を担当しています。

本書は「映画」の字幕を中心に書いていますが、ＴＢＳでは『新世界紀行』、『わいわいスポーツ塾』、『わくわく動物ランド』、『カウントダウンＴＶネオ』、『ワンダフル』、『Ｐｏｏｈ！』、『オオカミ少年』、『報道特集』、『うたばん』、『週刊ＥＸＩＬＥ』等々、字幕原稿を作った番組がかなりあります。他にもキー局全てで何らかの番組に関わってきているので、当時の知り合いは私をテレビ関係中心の人間だと思っています。さらに字幕を入れたソフトは音楽関係の方が映画より多いはずなので、私を音楽関係中心の人間だと思っている人もいますし、最近はホラーマニアックスというＤＶＤとブルーレイのレーベルをずっと訳しているので、映画の中でもホラー中心の人間だと思っている人もいます。本書では大きな意味で「映画」を中心に書いていきます。

『カナディアン・エクスプレス』Narrow Margin（90・米）ピーター・ハイアムズ
『黒部の太陽』（68・日）熊井啓
『パシフィック・ハイツ』Pacific Heights（90・米）ジョン・シュレシンジャー
『ホーム・アローン』Home Alone（90・米）クリス・コロンバス
『プリティ・ウーマン』Pretty Woman（90・米）ゲイリー・マーシャル
『トータル・リコール』Total Recall（90・米）ポール・ヴァーホーヴェン

ショートコラム①「Come On!」が誤訳になる時

『デーモン・ナイト』（95年）という映画の冒頭のセリフです。この作品は『Tales From The Crypt』というアメリカのテレビシリーズの劇場版第一作で、テレビシリーズの方は日本では『テイルズ・フロム・ザ・クリプト』や『ハリウッド・ナイトメア』など、いくつかの邦題が付けられています。この「カモン！」は悪魔に追われ、逃げ切れなくなった時に主人公が言うセリフです。「来い！」と訳しても違和感はありません。でも、これは実は誤訳。正しい訳は「早く開け！」なのです。というのも悪魔と主人公はカーチェイス中で、主人公は車を停止させ、ショットガンで悪魔を迎え撃とうとしているのですが、主人公は車のパワーウィンドウが開くのが遅い事に苛立って「カモン！」と言っているのです。ＶＨＳとしてソフト化された時の字幕では「来い！」となっていて、主人公が悪魔に叫んでいますが、ブルーレイ版では「早く開け！」とパワーウィンドウに主人公が苛立っています。

第 二 章
訳しのテクニック

写真=『ユーロクライム!』

1秒4文字の神話

1秒4文字。これは映画館で観客が読める字幕の文字数だと言われています。「時間的な制約があり…」「字数に制限があり…」等々と、一般の人は聞かされ続け、1秒4文字が絶対だという認識が定着しているようです。

現実は違います。「いらっしゃいませ」(8文字)を1秒で読ませる事は頻繁にあります。「おはようございます」(9文字)でも、1秒あれば読めます。

「1秒4文字」というのは、あくまで目安です。目安として異論はありませんが、「目安」と「絶対的な決まり」は別物です。

1秒4文字が目安としての基準だと知る事は重要ではありません。どういう時に例外になるのかを知る事が重要なのです。例えば「百分」は2文字です。これを「100分」と書けば4文字です。しかし字幕としての「100分」は4文字ではなく2文字です。「100」という数字は認識しやすいので1文字として数えて大丈夫なのです。実際、「百分」(2文字)より「100分」(4文字)の方が時間を表す数字として早く認識できるはずです。字幕ではあまり目にしませんが、「百花繚乱」、「一目瞭然」はどうでしょうか。「百花繚乱」が4文字扱いなら「一目瞭然」は3文字扱いでいいかもしれません。ジェームズ(5文字)、スティーブンソン(8文字)といった人名、サンフランシスコ(8文字)、ロサンゼルス（6文字）といった地名、コンピュータ（6文字）、インターネット（7文字）といったIT関連の言葉、スター・トレック（7．5文字）といった作品名等々、例を挙げればキリがありませんが、どれも1秒4文字の例外になります。さらに、作品の主人公がカンバーバッチ（7文字）という人物だとして、この人名を見慣れていない人がいても、物語が進むうちに5回も10回も出てくるとしたら、話が進むにつれ、文字数を数えるのに7文字、6文字、5文字、4文字と減らして考えてもよくなってきます。話が進むうちに文字を読む状態から認識する状態になっているのです。こうした様々な要素を考慮しながら1秒4文字という目安に照らして原稿を作っていくというのが字幕翻訳なのです。

ここで少しタイムコードの説明をします。映画館でもテレビやビデオやDVDでもスマートフォンでも、一般の観客はタイムコードを表示させて映画を見る事は少ないです。テレビの映像が動いて見えるのは1秒の30分の1を単位（＝フレーム）とした画面を連続して流す（30枚の画面をパラパラマンガのように見せて動かす）結果です。映像のデジタル化が進んだ今は1秒の50分の1とか、精細度は上がっていますが、ひとまずここでは1秒＝30フレームで説明します。

そもそもタイムコードというのは「絶対番地」とも言える信号です。映画の出発点を00分00秒00フレームとした場合01分00秒00フレーム目は、その特定の画面になるといった「絶対不変」の時間のカウンターです。一般家庭にあるビデオやDVD機器は秒単位でしかカウンター表示をしませんし、ビデオテープの場合、リセットをかけると00分00秒に戻ります。タイムコードは素材の映像に、音声と一緒に信号として記録されている時間です。そのため固有の映像や音声同様、固有の時間になります。家庭用のデジタルカメラは、このタイムコードを録画時に記録している事が多いので、この概念は一般にも浸透してきているとも思います。

ビデオを素材として翻訳する場合、このタイムコードで字幕の表示時間を割り出し、読める（または認識できる）範囲の字数に収まるように字幕を作っていきます。字幕の表示時間は始まりと終わりのタイムコードによって制御され、この作業をスポッティングと呼びます。

1秒4文字は目安です。

昨日　サンフランシスコで
マリナーズの試合を見たんだ

という字幕（24文字）を観客は、実は4秒で読んでいたりします。

昨日　サンフランシスコで
マソナーズの試合を見たんだ

という字幕が、もしあれば、これは5秒出ていても「?」と思うでしょう。「サンフラソシスコ」の「ソ」に傍点を付けて、「マソナーズ」の「ソ」にも傍点を付ける事になるでしょう。さらに言えば、「マリナーズ」という言葉も、最近は日本でも聞き慣れた球団名になっていますが、30年前の翻訳なら「マリナーズの試合」ではなく「野球の試合」になったでしょう。

繰り返しになりますが、一瞬にして認識できる文字列が、その認識による判断で誤解がない場合、1秒4文字という目安はルールとしては取り払われ1秒=6文字でも読めるのです。

当然、10分で1000文字読むのと1500文字読むのでは、人の脳への負担が違います。10分で1000文字だと情報は少ないですが、ムリして2000文字読むと情報の整理が追いつかなくなったりします。そのため、全ての「字幕が1秒=6文字でいい」という事にならないのです。くどいですが、1秒4文字は目安としては適切です。

しかし、映画の冒頭で「AはB時にC地点に到着　そこからD地点へE時を目指してFに会いに行った」といった字幕を読むのと、映画の終盤（クライマックス）で読むのとでは、観客の理解の早さがまるで違います。冒頭ではAが主人公なのか、作品の中でどのような意味をもった存在なのか、観客には分かりません。C地点とD地点の距離も不明。そのためB時とE時の切迫感も不明。Fが誰なのかの説明も必要かもしれません。それが終盤だと、そこまでのストーリーを追ってきた観客なら、全ての情報を一気に理解できます。人の脳は慣れた事柄に加わる新しい情報を理解しやすいものです。

だからといって冒頭の文字数を厳格に1秒4文字で翻訳し、後半は1秒＝6文字で翻訳すればいい、と言っているのでもありません。

冒頭でも「おはよう」「やあ　元気?」「昨日は遅くまで遊んじゃってね」「きょうは大切な日だ　気を抜くなよ」のような、普通に理解できる文脈に対する字幕は1秒＝5文字になっていても、場合によっては6文字になっていても平気です。それが「おはよう」「やあ　元気?」「昨日は妻の弁護士から連絡があってね」「またか?　移動体通信の実験をしていた頃から話してただろ」のような、日常的な会話ではない場合、字数を短くする努力が必要になるのです。

こうした緩急を付けた翻訳が一般の字幕では普通なので「1秒4文字」は「目安」になるだけです。絶対的ルールではないのです。

字幕翻訳は大変な作業ですが「1秒4文字だから仕方ない」で終わらせてしまうと、きめ細かい表現力をもった「日本語字幕」のクオリティは落ちていきます。

いずれにせよDVDなどの「スローサーチ」（＝コマ送り）で調べれば、どこまで本当に「1秒4文字」なのか、少し面倒ですが誰にでも分かる事です。字数の限界で言い訳する前に、情報の整理を心がける。それが一番重要です。

翻訳素材が音楽関係の場合、これは顕著になります。1秒10文字以上もあります。例えば「僕が好きなアーティストはスティーヴィー・ワンダー、ジェームズ・ブラウン、アイク&ティナ・ターナーだ」

（47文字）を5秒で誰かが話したとします。これを5秒で読むのは大変です。それ以前に1つの字幕では画面に入りきらなくなります。

こうした素材を扱う時、考慮すべき要素がいくつかあります。まずその音楽ソフトは、より幅広い一般の人たちが見る事を想定して作られている作品か、ファンが見る事を想定しているのか、これを考えます。

一般の人向けの作品であれば人名を全く出さずに「僕はソウル系の音楽が好きなんだ」でよい場合がありますす。それがソウルのファンが買うソフトである場合は、字幕を細かくします。

【僕が好きなのは】
【スティーヴィー・ワンダー】
【ジェームズ・ブラウン】
【アイク&ティナ・ターナー】

こうして4枚に分けてしまうのです。音だけでは不安な人も文字があると情報が自然に頭に入ります。これをS・ワンダー、J・ブラウンなどのようにしてSやJにルビを付ける方法もありますが、結局伝えたい情報が同じなので、ルビという小さい文字にして見かけ上の文字数をごまかすより、フルネームを大きい文字で出す方が読みやすいです。この方式で人名を認識させるには最低1秒の半分、15フレームあれば大丈夫です。単なる認識だけであれば10フレームでも大丈夫ですが、劇映画本編の中で使うのには無理があります。表示時間が短すぎます。10フレームが大丈夫なのは予告編の場合です。

結果として、この方式で出てくる字幕は1秒で10文字以上読ませる事もあります。これはファンが見る作品以外でも有効です。「始めに文字制限ありき」で話のつながりを無理やりネジ曲げるくらいなら、最初から文字制限を諦める方が、観客の理解が楽になる場合もあるのです。

もちろん文字数が常に多いと読んでいて疲れます。そうした無理が出る場合は、前後の字幕の文字数を比較的ゆったりさせるなどの配慮も必要です。このバランスこそが難しく、経験がものを言う部分になります。

字数を減らせば情報も落ちます。とはいえ、いくら情報が落ちても話が分かる程度には残るもので、場合によっては話が分かりやすくなります。しかし、話が分かりやすければいいというのであれば―極論で言えば―あらすじを読めば話が分かるから映画は見なくてもよいという事になります。わざわざ人生の100分くらい使って10分で読める程度の深みしかない物語を見るのと、100分のドラマを見るのは別物です。

以前、テレビ朝日の深夜番組『決め方TV』で「映画字幕の決め方」を特集した回がありました。原語台本がない作品やインタビューも聞き起こして訳す私としては、原語台本があるという前提での作業だけを見せる点が残念でしたが、これは無理もない話。30分ほどの番組では語り切れません。むしろ限られた時間の中で、よくまとまった番組だと思いました。

この番組でも「1秒4文字」の例外にも触れていました。先ほど書いた事と同じですが、「100年」という表現が字幕に入った話になった時に「100」は1文字として数えるといった説明テロップが出ていました。ここはテロップだけでサラッと進んでいましたが、これまで書いたように、この例外の方が重要なのです。3文字を1文字として計算できてしまうという話ですから。いうなれば「1秒4文字の神話」の裏側。「1秒4文字」以上に大事な事です。

繰り返しますが「サンフランシスコ」（8文字）という地名は有名ですし、2秒前後表示しないと認識できないという事はありません。「サンフランシスコに行ってきた」（14文字）という字幕は3秒半ではなく2秒もあれば見た人の脳が情報処理を終える事ができ、「早く消えた」という印象にもなりません。

この点は字幕作りで本当に重要なポイントなので、改めて繰り返し整理します。

地名：ニュージーランド（8文字）、フィラデルフィア（8文字）、ビバリーヒルズ（7文字）、ロサンゼルス（6文字）、オーストラリア（7文字）、オーストリア（6文字）、ニューヨーク（6文字）等々。

慣用表現：こんにちは（5文字）、おはよう（4文字）、おはようございます（9文字）、こんばんは（5

文字）、いらっしゃいませ（8文字）等々。
人名：クリストファー（7文字）、リチャード（5文字）、チャーリー（5文字）等々。
その他：YouTube（7文字）、インターネット（7文字）、スーパーマン（6文字）、インディ・ジョーンズ（9．5文字）等々。

他にもたくさんありますが、これらの単語は文字数で数えると、多いものと少ないものでは2倍以上も差があります。でも認識するだけなら、どれも一瞬で済みます。サクッと読み進められてしまいます。こうした言葉が、それだけで字幕として表示された場合、15フレーム以上あれば、人の脳は「消えるのが早かった」と感じずに認識します。

それでも『ミッション：インポッシブル★』のような作品でオーストラリアからオーストリアに移動するような話があるとしたら、その場合はできるだけ「1秒4文字」に近い考えを適用する方がいいでしょう。

ただし複雑な状況説明が最初にある場合、そこをしっかり訳しておけば、中盤、終盤と話が進む中で、その複雑な状況に観客も慣れ、話に没頭するため、説明が多少省略されても問題なかったりします。いわゆる「伏線」を、しっかり汲み取った字幕を付けるという事です。実は字幕はセリフという音声と同時に文字として視覚的に印象が残るので、伏線を意識した上で、その表現なり単語なりを後で見せた場合、「あ、前に誰かが言っていた」とか「あ、あそこであの人が言っていた」と、分かりやすくなる場合もあります。

もっとも、これは字幕に限った事ではなく、普通に日本映画を見ていても同じです。冒頭の設定が上手く伝わらないと、途中から観客がついていけなくなるか、ついていく気がなくなります。

とにかく「1秒4文字」は目安であり、例外もたくさんあるのです。その例外を駆使しても字幕として仕上げるのは大変ですが、「1秒4文字」を絶対視するから大変なのではなく、全体のバランスを見る事が大変なのです。

『決め方TV』の中では翻訳の「センス」という言葉しか出てこなかったと思いますが、この例外を使いこなす「技術」が、字幕翻訳では「センス」と両輪を成す不可欠な部分です。この番組ではそれに触れていただけでも素晴らしかったです。30分枠の番組だったので、あそこまでの説明が精一杯でしょうが、実は「例外」が「1秒4文字」に劣らず重要なのです。

車の運転に例えるのもいいかもしれません。「1秒4文字」は制限速度がある一般道の走行時のルール。「例外」はF1のサーキットでの走行時のルールです。「1秒4文字」を徹底的に守って走るというのはF1のレースではナンセンスです。「1秒4文字」を絶対だと言い続けるのは、一般道の交通法規を100%守りつつF1で優勝するようなもの、という事です。

さらに言えば「1秒4文字」の中の「1文字」とは何なのか、という話でもあります。「100年」の「100」は1文字として数えてよいと言われれば、当然、ここが疑問になります。

昔、いわゆる絵文字はありませんでした。カタカナ表現も人名や地名以外では、それほど多くなかったはずです。今は絵文字も使おうと思えば使えるものもあり、カタカナ語は省略した表記で済む場合もあります。

例えばコンピュータ。これはPCで大丈夫な事も多いです。このコンピュータという言葉は色々な言い方があります。

電子頭脳・電子計算機・電脳・電算機・コンピューター・コンピュータ・PC。

この中で「電子頭脳」という4文字と「コンピュータ」という5文字で比較してみます。まばたき程度の一瞬、この2つの言葉が見えた場合、一瞬で認識しやすい文字は、おそらく「コンピュータ」でしょう。要するに「1秒4文字」の中の「文字」一字一字の重さに、それなりに差があるという事です。

とはいえ、いくらでも文字数を増やして大丈夫なわけではなく、あくまでバランスを保つ事が重要で、そのバランスを保ちつつ、車体に傷を付けずにゴールするF1ドライバーが字幕翻訳家と言えばいいのかな、と思います。

ここで少し実践的な例をいくつか。

「1秒4文字」の考えで、できるだけ文字数を減らす方法。【車を止めろ】（5文字）は【止めろ】（3文字）で大半の場合はOKです。原語が【Stop】でも【Stop the car】でも同じで、その車の同乗者が言っているのであれば、日本語では【止めろ】で十分なわけです。

話が逸れますが、この【止めろ】は、「やめろ」も「とめろ」も同じになるので、その区別が一瞬で認識しにくい場合―例えば、酒場で乱闘が起きているような状況で誰かが言うような場合―は【止めろ】の【止】に【や】か【と】か、どちらかのルビを付けると、認識が楽になります。

ドアが「あいた」と「ひらいた」の場合でも、ニュアンスが違うので【開いた】という表現が字幕に入る時、そのニュアンスの違いに意味がある場合は、やはりルビを付けると認識が楽になります。「あいた」は、積極的な働きかけがあった結果「開いた」ドアで、「ひらいた」は、何もしていないのに自然に「開いた」ドアに使うでしょう。もちろんどちらでも構わない場合はルビを付けずに【開いた】で問題なしですが。

次は「1秒4文字」にこだわらずに、話の流れの中でニュアンスも出しながら字幕を決める例です。

（1）【英国風の冗談か?】（8文字）と（2）【イギリスのユーモアか?】（11文字）。原語は【English humor, huh?】だとします。話している長さは、ここではひとまず2秒で考えます。というのが（1）に「1秒4文字」ルールを適用した場合、8文字なので最低2秒ないと（1）ですら成立しないので、ここでは2秒としておきます。この2秒で（1）の8文字は読めます。一方の（2）にしても、「イギリス」や「ユーモア」は「4文字」という文字数で認識速度が決まるような見慣れない表現ではなく、「100年」の「100」と同じように単語レベルで認識できるので、厳密に文字数にこだわる必要はない場合が多いのです。

結論としては（2）も2秒あれば読めます。さらに細かく言うと「英国風の冗談か？」とすると、その冗談を言った人は（どちらかと言うと）「英国人以外の人」になり、「英国流の冗談か？」であれば、冗談を言った人は英国人になります。一方の「イギリスのユーモアか？」では、冗談を言った人はイギリス人でなくても大丈夫ですし、そもそも「冗談」と「ユーモア」も微妙にニュアンスが違うわけです。さらに、（2）は原語の音に近く、聞き慣れた単語のカタカナ表記です。耳に入ってくる原語の音に助けられて、11文字でも楽に認識できるはずです。もちろん（1）が適訳になる状況もあるでしょうが、それが文字数を削る努力の結果であるならば、単に（2）でOKという状況の方が多いでしょう。

と、長々と書いてきましたが、また繰り返します。「1秒4文字」は目安として有効なのは確かです。10分で1万語の新聞記事を読む事と1万5千語の記事を読む事を比べれば、やはり語数が多い方が疲れます。だから、いくらでも文字数を増やしていいわけではありません。あくまでバランスを保つ事が重要で…長いですね（笑）。

私の字幕の場合、100分の映画で字幕が1000枚あるとして、700枚は「1秒4文字」を守っていて、200枚が少し多め。100枚が少し少なめ、みたいな事が多い気がします。さらに、この700枚の部分の文字数を計算する時、小数点部分を切り上げている事が多いのかと思います。

余談ですがツイッターは通常、最大140文字です。140文字は「1秒4文字」で計算すると35秒なければ読めない事になりますが、読みやすい文章であれば20秒でも読み終わります。現代人は読む速度が速くなったのでしょうか。字幕だけでなく、こうした「文字」も含めて検証できたら面白いかもしれません。

字幕翻訳（もしくは字幕作り）の難しさは、字数制限が厳しく、時間がない状態で情報を伝える事ではありません。どこまで情報を伏線化し、複線化して仕込んでいくか。音声だけでなく映像も利用した字幕を作る事も1つの手法ですし、文字数を抑えて印象に残すべきキーワードを際立たせる方法もあります。

アーティストの名前を1人1人、別々に出すのは1つの情報を個別に出す事で印象を強める手法です。ただ、この場合は観客の頭に既にある情報に頼る事になります。例えば、ミシェル・ンデゲオチェロとかシャンタール・クレヴィアジックといった、一般の人には聞き慣れない名前のアーティストが入っていた場合、1秒では読めないと考えた方がいいでしょう。

以前、シリーズで私が字幕を作っていたタイトルの1つに『モントルー・ジャズ・フェスティバル』の伝説的パフォーマンス集というのがあります。

ジャズ史上においてミュージシャン以外で最もジャズに貢献した人物と言われるノーマン・グランツが残したジャズ界の大物の名演奏の数々をＤＶＤ化したものですが、この時も字幕上の人名の処理に苦労しました。さらに相手はジャズです。出てくる表現も「感覚的な感覚を伝える感覚的な表現で…」のような字幕が頻出してしまうのが大変でした。
いずれにせよ、「1秒4文字」を絶対ルールにしておく方が、プロっぽくてかっこいい気もしますが（笑）。

『ミッション：インポッシブル』Mission: Impossible（96・米）ブライアン・デ・パルマ

1行の文字数は？

メディアによって違います。テレビが4：3主流だったアナログ時代から16：9主流のデジタル時代になり、また変わりました。映画館での字幕は、それなりにルールがあって、ある程度「何文字」と言う事はできますが、それも絶対と思うべきではありません。おおざっぱに言うと1行10文字から17文字の間に、ほとんどの意見が収まります。映画館では13文字程度でしょうか。18文字になるとテレビの場合、文字の大きさを小さくし始めたくなります。映画館で18文字出したら、スクリーンが大きいので横幅が広がりすぎて読みにくくなります。テレビの場合、時々含まれる許容範囲を考えても、やはり17文字が限界でしょうか。それからタテ字幕は10文字から13文字が限界と思いましょう。

さて、ひとまず「1行は13文字」（横の場合です）と決まっているとします。100分の映画で1000枚くらいの字幕が出たり消えたりする中で、13．5文字の字幕が10回含まれていたとしても、その10回が突然読みにくくなるわけでもなく、見ている時にわざわざ数えて「あ、今のは13．5文字だ！」と立腹する人もいないはずです。この「1行13文字」を完全に守り抜く事に特に意味はありません。何らかの理由で「アーノルド・シュワルツェネッガー」（15．5文字）という字幕が出るなら、それは2行に分けるより1行のままの方が読みやすいはずです。文字の大きさを変えずに表示可能ですし。その場合、「ここは1行でいいね」という現場判断もあり得るわけです。観客が読みにくくならなければOKというだけですから。だから、逆に映画館の字幕では背景が白っぽい部分には字幕を出さないように、表示位置を変えて逃がします。これは映画館の字幕はエッジがなくて、DVDの字幕にはエッジがある事が原因ですが、この説明は今は置いといて…。

結局、字幕はどんなレベルでも「絶対」はないと言うしかない、という事です。一方で「どうにかするしかない」は多々あります。白っぽい背景の時に字幕を逃がすのもその一例です。結局、ルール＝目安で現実が全てそうなっているわけではありません。

1行の文字数が多い例を1つ挙げましょう。『シン・ゴジラ★』の石原さとみさん演じる米国大統領特使カヨコ・パタースンと長谷川博己さん演じる内閣官房副長官・矢口蘭堂の英語の会話の翻訳字幕です。

【引き受けましょう】（8文字・1秒）
【ありがとう】（5文字・16フレーム）

【友人のパーティーから横田基地まで直行だったので
着替えを用意する時間もなかった】（38文字・3秒23フレーム）

【中露を中心にゴジラを日本政府から
国際機関の合意管理下に置こうという動きがあります】（40文字・8秒くらい）

【ワシントンもペンタゴンも核の強硬論だけではありませんから】

この最後の字幕は1行で表示され28文字あります。

『シン・ゴジラ』では1秒＝10文字もOKで、1行28文字もOKでした。全編が字幕ではないという事もありますし、日本語のセリフの文脈の中で補足的に入る英語だからというのもあります。日本語のセリフも情報量が圧倒的に多い作品です。しかし、これで映画が見にくくなったとか、話が分からなくなったと感じる人はそれほどいないと思います。これがOKだから、どの洋画でもこうした字幕でいいというわけではなく、あくまで、こういう字幕もあるというだけですが。

行数や文字数に関して1つ言えるのは「誰がどう言ったからこうである」ではないという事です。「1

行に何文字までなら生理的に一番読みやすい」「総合的な判断としては何文字まで」と決まっていったのがルールであり、人間の眼はアナログ的に、そのルールから多少外れる事があっても補正してくれます。

『シン・ゴジラ』(16・日) 庵野秀明/樋口真嗣

点 どうする？

テン、点、・、中黒（ナカグロ）の話です。字幕を見ている時、ホリデイ・インでもホリデーインでもホリデイインでもあまり違いはない気がします。それをネタにした展開なら、わざわざ意味を持たせて区別しますが、通常はどれでもいいわけです。「会社四季報」を見て正式名称を確認しながら映画を見る人は多くないと思います。

商標や会社名は、今ではネット検索でいくらでも「正式名称」「公式名称」が分かるので、あまり悩む事はありません。ただし思い込みを排除するために、確認は重要です。Holiday Inn の場合はホリデイ・インになっています。

『キング・コング』は元祖の1933年版がナカグロあり。1976年のラウレンティス版がナカグロなし。2005年のピーター・ジャクソン版がナカグロ復活。東宝作品関連ではナカグロなし。正直言って、どっちでもいいでしょう。とにかく原題ではKING KONGで全部同じですから。でもせっかく区別しているようなので、合わせるといいでしょう。

余談ですが、『オズの魔法使い』はジュディ・ガーランド主演の映画は『オズの魔法使★』で「い」はありません。こうしたタイトルが字幕に出てくる場合は、ドラマにせよドキュメンタリーにせよ、何らかの思い出や思い入れがあってのセリフやナレーションである場合が多いので、「その作品」と特定できる場合は、その作品の日本での正式タイトルに合わせるといいと思います。

『スター・ウォーズ』はナカグロありが公式タイトルですが、個人的にはナカグロなしの方がカッコいい気がします。『スーパーマン』はナカグロなしで、これにナカグロを入れてスーパー・マンにしたら、なんか間抜けです。でも『スーパーマン』は原題が1語。『スター・ウォーズ』は原題が2語なので仕方ないか。でも『ダークスター★』は原題が2語なのにナカグロがない…。サンフランシスコだってサン・フランシスコじゃない…。

少し最近の作品では『ミッション：インポッシブル』（13字）はナガグロじゃなくてコロン。3作目なんか正式なタイトルが『M：i：Ⅲ★』で大助かりです。ミッション：インポッシブルⅢに対して5文字ですから。

ヘヴィメタルの場合はウィキペディアではヘヴィメタルになっています。80年代初頭に劇場公開されて、1週間か2週間で打ち切られて前売り券を使い損ねた人も多いアニメ映画『ヘビー・メタル★』は当初の公開時はナカグロありでしたが、後のビデオ化時は『ヘヴィメタル』だったようです。（この映画、確か4月24日に公開されてゴールデンウィークに入る前に打ち切られた記憶があります。）

ところでー話が脱線していますがーヘヴィメタルをヘヴィメタと略して言う事があります。これはヘヴィメタルのファンの立場で聞いていると侮蔑的な響きを感じます。意図的に使うのは構いませんが、無意識に使うのは避けたいです。「テレビ」を「TV」にするのも、やめたいです。1文字減らす代わりにアルファベットを使うメリットは、それほどない気がします。「昨日のテレビ見た？」という意味で「昨日のティービー見た？」って、日本語では言いませんから。（イギリス英語ではテレビをテリーと言ったりして、その音が可愛いかったりします。）

さらに脱線しますが「警察官」を「警官」と略して呼ぶのも、人によっては嫌う場合があります。字幕的には「警官」は馴染むけど「警察官」だと座りが悪いなんていう場合もあるので、使う時は使いますが「嫌う人もいる」という意識は持っているといいかもしれません。警察という組織への配慮ではなく、セリフとして、どんな思いで使われているかによって、使い分けができるという意味です。全然ナカグロの話じゃなくなっていますが…。

で、最後に本題に戻ります。音楽作品で「ツアー」の前にナカグロを入れるか入れないか、も、時として悩みます。「レベルチェック」という表現がある場合は、個人的には「レベル・チェック」ではなくナカグロなしを選びます。ナカグロは基本的に、あってもなくてもよいので、悩んでしまうものです。

ただ、字幕の役割として「見た人が読みやすい、認識しやすい字面かどうか」を基準に考えて、1つの作品の中で統一感を保つという事になるでしょう。

『オズの魔法使』The Wizard of Oz（39・米）ヴィクター・フレミング
『ダークスター』Dark Star（74・米）ジョン・カーペンター
『M：i：Ⅲ』Mission: Impossible III（06・米）J・J・エイブラムス
『ヘビー・メタル』Heavy Metal（81・加）ジェラルド・パッタートン

字幕の句読点

スペースの使い方は1990年代以前は条件が違いました。それまでは「手書き」の字幕が多く、手書きだと半角と全角の開き具合が活字よりも微妙で、半角の存在感が薄かったと思います。そのため全角の必要性が今より高かったと思うのです。活字の場合、半角でもスペースがある事が明確に分かります。ただし、当時は観客として見ていただけなので、この点は素人分析です。詳しい人がいたら私も知りたいところです。

さて、スペースを半角空けるのが読点（、）の代わりで、全角を空けるのが句点（。）の代わり。という考え方があります。これもアリだと思います。

でも私は全角スペースをほとんど使いません。28年、膨大な数の字幕を作ってきて、初期の頃は使っていましたが、この仕事を始めて数年で使わなくなりました。それ以降は100回も使っていないと思います。ほぼ全て半角スペースです。

なぜか。

字幕は1枚に目に見えない句点（。）が自動的についているから。というのが出発点です。

字幕は1枚1枚が1つの文章です。「この字幕は次につながりますよ」と宣言するには「――」（ダッシ）を使いますが、これがなければ自動的に句点（。）がつきます。

私が作る場合、この自動句点を読点としても使います。次の字幕がすぐ続く場合などはダッシがなくても、結果的に自動句点が自然に読点になると考えるからです。多くの場合は文末の文字を適切に選べば、ダッシ無しでも次の字幕に自然につながるものです。もちろんダッシなしの読点扱いになるのか、句点になるのか、観客が判断しにくい場合もあり、そんな時はダッシを付けます。あくまで観客が迷わないように配慮するという事です。

この自動句点の理屈で全角スペースの多くが無用になります。さらに私は原語のセリフの1文を、できるだけそのまま1枚の字幕にします。2文を1枚にしないという事です。こう書くと分かるでしょうか。邦画を見ていて5秒先の展開が画面の文字で分かるのと、そうでないのでは、そうでない方がいいわけです。その場その場でセリフを聞いているのだから当然です。5秒先が見えてしまう演出が字幕だけ行なわれてしまうというのは、できれば避けたいものです。

「字幕は読む作業が必要になるので、5秒間表示されている字幕でも、文章の最後に到達するには5秒近くかかるからいいじゃないか」と言う事は確かにできます。でも字幕は「読む作業が必要」だから嫌われるのです。読むのは面倒臭い。映画を見ている中で、明らかに余分な作業です。

そこで読ませる字幕ではなく、認識してもらう字幕を私は意識しています。文章は短ければ短いほど「読む」から「認識する」（＝即時に理解できる）になります。ひと言ひと言、1文1枚の字幕にすると、話の流れが意表を突くようなものでなければ、ドラマの本来の流れを追う事に近くなると思うからです。そうすると、ほとんどの字幕の句点は自動句点になってしまい、1枚の字幕の中で必要になってくるスペースは読点の半角だけになるというわけです。このため、私の字幕は1行がかなり多いです。もちろん作品ごとに変わってきますが。

例えば←

【これこそ　かの有名な
刑務所だ　分かるだろ】

のような2行の字幕なら

【これこそ　かの有名な刑務所だ】
【分かるだろ】

と2枚にします。

（最初の例では1行目が4文字で、それぞれの行の5文字目のところがスペースなので、1枚の字幕が二つに割れているようにも見えます。これも文字のレイアウト的に美しくないと思う私は避けます。）

こうした細かいセリフの切り分けは、ハコ書きをせずに訳していると簡単ですが、ハコ書きをして進めると大変になります（ハコ書きというのは原語台本のセリフに字幕の区切りになる単語と単語の間にスラッシュを書き込む作業です）。

そういえば私が全角を使う例外が1つあります。カタカナとカタカナが続いている状態でのスペースです。音楽ものに多いのですが「ギター　エディ・ヴァン・ヘイレン」みたいな字幕の場合、手書きの理屈と同じで半角のスペースでは存在感が薄く、はっきり離すために全角にする事があります。もっともカタカナ同士とは言っても、文字の組み合わせによって半角でも大丈夫だったりして、その辺も気にして全角と半角を決めています。

ルビと傍点

これらは使わずに済ませる方法を考えるのが先だと思います。もちろんルビを使えるのは日本語字幕ならではのメリットであり、使う必要がある時は適宜使っていますが。

その中で、私自身が個人的に意識している事が1つあります。2行の字幕の場合、2行目にルビを付けるのは避けるという事です。（1行の字幕の場合は字幕の上側にルビを付けますが、2行の字幕の下の行の場合は下側にルビがつきます。）

字幕は本来なら無い情報を画面に加えるものなので、できるだけ端に追いやられます。その中で2行の字幕の2行目にルビを付けると、字幕全体が画面の中央に近付く事になります。（タテ位置の場合は1行目。）字幕が2行になっているというだけで、それなりに文字数が多いわけです。それが中央に寄るのは避けたいです。

それで私が作る字幕では2行字幕の2行目には殆どルビがありません。傍点は、まだマシなので、ルビよりは多く使います。

ただ私の字幕は最初から2行が少ないので、その理由からも2行字幕の2行目の可能性は低いのですが、「どうしても必要」になる場合は、「それなら2行にならずに済む（＝1行の字幕にするか、2枚に分けるなどの）方法がないか」先に考えます。それで成立してしまう事が多いので、2行字幕の2行目には、ほとんどルビがこないのです。

　というこだわりなので、私の中でも絶対的なルールにしているわけではなく、避けようがない時は下側にもルビや傍点を入れますが、多くの場合はごちゃごちゃ字幕をいじるより、少ない文字数の字幕を「認識」してもらって話を追ってもらうのが理想なのだと思います。

ところで──

　字幕の表現での「──」（ダッシ）は、次の字幕まで文章が続きますよ、という意味があります。

　これが無意味に多用されている作品が目立ちます。例えば「ところで」です。

「ところで──」

「今日の予定は？」

　となる場合、「ところで──」と「ところで」に違いがあるでしょうか？　字幕は必要がないのが一番です。言語の違いを超えて理解を助けるための記号であり、その意味で、とても特殊な文字です。劇場公開され、ビデオ化された後、テレビ放映される時の作品に、改めて字幕を入れ直すという仕事を私は一時期、数多くこなしてきました。いわゆる「ニュープリント」という状態の素材への字幕入れの作業です。

これは、ビデオ（&ＤＶＤ）化の時に使った素材より画質がよい素材を新たに取り寄せて、その素材に字幕を入れる作業で、ハイビジョン放送をするＢＳデジタル放送が始まって以来、増えた仕事です。

字幕そのものには、基本的に手を入れないのですが、字幕1つ1つを入れ直していくため、通常の鑑賞に比べて丁寧な見方をします。さらに、字幕のテキストデータも使う作業なので、「――」の数がいくつあるのか数えるのもデータがあるので簡単です。

これは私の主観ですが「――」を多用した翻訳ほど未熟なものが多いようです。100分の映画に1000ヵ所字幕があるとして、そこに「――」が200あったら、その訳を作った人は、字幕の中の記号の使い方を誤解していると言っていいでしょう。

「――」という記号の使い方。字幕に文法の教科書でもあればいいのですが、分かっている人が少なすぎます。当然ですが、字幕はそれを読む人のためのものです。意味もなく多用すべきではありません。字幕の文法の教科書を作りにくいのは、観客の脳が特定の字幕を目にした時、どのように生理的に反応するか、その瞬間ごとに違うからです。「――」がなくても次に続くという事が分かる状態で「――」を使うのは、くどいです。

もちろん「――」の他の効用もあります。例えば「私は」と「私は――」です。「私は」だけの字幕でも文章が次に続く事は想像できますが、画面上のバランスを整えるために「――」を付ける方が見やすいでしょう。（「私は」の後、続かないのであれば「…」を付け、「私は…」となります。）1文字1文字意識的に言葉や記号を選ぶのが基本です。

作品より先に風化する字幕

映画は時と共に風化する面があります。例えば1980年に映画ファンが史上最高の1本を選ぶ投票をすると『風と共に去りぬ★』が1位になり、1990年だと『ローマの休日★』になり、2000年だと『タイタニック★』になるといった具合です。

50年前の日本映画を見ると、監督が当時意図した事とは違う事（当時のファッションや生活習慣など）が、話以上に興味深かったりします。時代と共に、作品への評価も変わるものです。文化的知的財産というのは、そういうものでしょう。

しかし評価は変わっても、作品そのものは変わりません。原語でも古い言い回しもあれば流行語もあり、それが風化したように見える作品もあります。では字幕はどうでしょう？その作品が翻訳された頃に流行していた表現が字幕で多用されると、その時はよいとしても、10年、20年と経過すると風化します。

風化しそうな流行語を使う場合、「それを使うしかない」と意識的に選択する事が重要なのです。例えば「これは最近、アメリカで流行している言い回しだ。日本で最近流行している言い回しにすれば、『最近流行の言い回しだ』と観客が分かるだろう。」これは安易な判断です。

そうした流行語が多用される作品は、言葉だけでなく、ファッション、行動、遊ぶ場所など、多くの要素が「流行」を主張しているものです。字幕という限定的な情報だけが日本の流行に置き換えられると、字幕は浮きます。

そうした流行の表現が多い場合も、登場人物の性格を素直に反映させたセリフをまず考える事。明るいとか暗いとか、乱暴だとか、そうした基礎的な翻訳をした上で、「これは浮かない。風化しにくい」と思える、しっくり来る表現があれば、それを訳として使う（ムリに背伸びしない）。

これだけでも、字幕が作品以上に風化する事を避けやすいです。もっともこれは観客が意識する必要のない事であるべきなのですが…。

『風と共に去りぬ』Gone with the Wind（39・米）ヴィクター・フレミング
『ローマの休日』Roman Holiday（53・米）ウィリアム・ワイラー
『タイタニック』Titanic（97・米）ジェームズ・キャメロン

歌う字幕

歌に対する字幕が2行になる時、少しずらして表示する事を「千鳥（ちどり）」といいます。

希望を捨てないで
　明日は いい事があるさ

とか。
これはこれで悪くないのですが、

僕は何て
　幸せなんだ

ここまで短いのに千鳥にするのは、どうなんでしょう？　個人的には嫌いです。字幕はないのが一番。歌に対する字幕だからといって、何でも2行にして千鳥にすると、画面を汚すだけです。千鳥にすると歌っぽい…。翻訳家の思い込みではないでしょうか？　観客は作品を楽しんでいます。字幕にまで歌わせる必要はないでしょう。

僕は何て幸せなんだ

これが歌声に合って出れば、それで充分でしょう。むしろ大切なのは、字幕が出て、消えるタイミングです。

語順と改行

これはある作品の字幕を少し変えたものです。

女は男にすがった瞬間
終わりです

吹替版なら特に問題ないのですが、文字にすると「女」という主語が文末から遠すぎて読み進めにくくなるので、文末に移動し、さらに「すがった」という文字が傍点なしでは読みにくいので、字幕の早い段階で出す努力をします。そこで次のように変えてみます。文字数は同じ。ニュアンスも本編の流れの中では同じです。

男にすがった瞬間

女は終わりです

次の例は語順に変更はありません。改行位置を変えます。

病気になってはいないかと
心配だ

これは1行目と2行目のバランスが悪いです。右タテの場合はOKですが、画面の横下の中央と仮定します。さらに「はい」という、この字幕が含んでいない情報が見えてしまう事（目の錯覚ですが）を避けるために改行位置を変えてみます。

病気になっては
いないかと心配だ

これがベストという意味ではなく、あくまで着眼点の説明ですが、語順にせよ改行位置にせよ、1行の文字数のバランスを考慮して字幕は作られます。

こうして1文字1文字を選ぶのが字幕翻訳家の仕事です。それを観客に感じさせないのも字幕翻訳家の仕事であり、わざわざ書くべきことでもないのですが、より多くの人の字幕を見る目が鋭くなれば、長い目で考えて、よりよい字幕ができる環境に近づき、洋画をより楽しめる環境が生まれると思います。

Evan と Ivan

Ivan は英語圏の物語等であればアイヴァンかアイバンで、ロシアではイワンでしょうか。では Evan はどうなるか、紙媒体の場合、同じ紙面に Evan というローマ字のスペルが目に入るようにできたりしますが、字幕の場合、そうはいきません。エヴァンかイヴァンか…。

発音も表記の仕方も言語によって違うわけで、どれが正しいと言い切れない言葉は多いものです。仮に9割の人が「エ」に聞こえると言っても「イ」に聞こえる人もいたりするし。ではどう考えるか。アーティスト名などで、すでに日本語で定着しているなら、それに合わせればよいのですが、そうでない場合の話です。

その場合、カタカナからローマ字のスペルを連想しやすい方を私は選びます。Evan なのでエヴァン。イヴァンにすると Ivan も連想できてしまうからです。エバンやイバンは、この名前の場合は使わないでしょう。

そしてEdieとEddy。

『ピーター・ガン』というドラマ（30分×114話）を訳していた時、Edie（主人公の彼女）とEddy（ただの脇役）が出てきて困った事があります。というか、Edieは英語の発音に近く表記すると、イーディーなのですが、これだといちいち文字数を使い、1行目と2行目のバランスが悪くなったり面倒なので、乱暴ですが最初からエディにしていたのです。（スペルを連想し得る表記だったし）そうするうちに途中のエピソードでEddyという男が出てきた…。彼に引っ込んでもらうわけにもいかず、エディーにしてみたのですが、これって苦しいですよね…。エディとエディー…。誤植っぽくなっちゃうし、混乱するし…。

脇役の方を「奴」とか「彼」にしてルビでエディと付ける作戦もありですが、それはそれでややこしいわけで。最初からピーターの彼女をイーディーにしていればよかったのですが、字面が嫌いだったのです…。

ちなみに人名は発音が完全に同じでもスペルが違うというパターンは多いです。（字幕の場合、それは関係ないのですが）

『アマデウス★』の原作者ピーター・シェイファーはShafferですが、シェイファーという発音になるスペルはSchaferやSchaefferやSchafferもあるはずです。日本語でも名字の由来が色々あるのと同じように、どの国の名字にも色々あります。名字ではないけど『赤毛のアン』のアン（Anne）もこだわりのスペルでした。

『アマデウス』Amadeus（84・米）ミロス・フォアマン

エルヴィス？　プレスリー？

エルヴィス・プレスリーという人名は映画業界ではプレスリーと呼ぶ事が多く、音楽業界ではほとんどの場合、エルヴィスと呼びます。

これは日本での話で、彼の故郷アメリカでは音楽業界でも映画業界でもエルヴィスが大半だと思います。

日本でも馴染みがあってバリエーション豊富な英語の名前の1つがElizabethでしょうか。イライザ、エリー、リズ、リジー、ベス…。

さらに脱線してジョンはアイルランドではショーンやシェーンになり、英語以外の国でも変化して…となりますが、印欧語族の間ではそれなりの定型変化になります。その意味で日本語は独特でユニークな言語だと思います。

映画『フィツカラルド★』の主人公は本編の中で「元々はアイルランド系のフィツジェラルドという姓だったけれど、地元の人たちが発音しやすいようにフィツカラルドに変えてみた」というような説明をします。似たような理由でしょう、戦前戦中のアジア諸国では日本語名から変化した現地姓も生まれたようです。

先述からショーン・コネリーはアイリッシュだと想像できます。彼がジョン・コネリーだとやはりへン。不思議なのはジョン・レノンとショーン・レノン父子。どうすればいいんでしょう…？と、ウィキペディアでショーン・レノンを調べてみると、彼の「生い立ち」の部分で真相が判明しました。興味がある人は調べてみて下さい。

他にも（マクドナルドの）Mcとか、（ドナルド・オコナーの）O'とか、（ロバート・デ・ニーロの）Deとか、どこから来たのか調べるのも楽しいです。

私自身、大した知識はないので何かのはずみで調べる事になるのですが、人名を調べると仕事に支障が出る事が多いです。

国名や地名も同じです。何とか「スタン」のスタンは国の意味だそうです。borough（＝英語）、burg（＝ドイツ語）、ville（＝フランス語）も、それぞれ入植者がどこ系だったか分かる地名の一部。「町」や「村」など地域や場所を意味します。

Vermont はフランス語の Ver ＝緑と mont ＝山ですが、Vermillion は緑と百万ではありません。これはアメリカ先住民（何族か忘れましたが）の言葉で Ver ＝赤、million ＝土だそうです。ヴァーミリオン川だと赤土川という事になります。

川つながりで、アメリカ東部のサスケハナ川。何やら佐助さんが花を摘んでいそうですが、これも先住民族（＝サスケハナ族）が由来。意味は「濁った川」だそうですが、北米の先住民族の素朴さを感じます。日本の地名には、あまりネガティブな表現は入ってきません。民族性の違いなのでしょうか。そういえばケベックシティの北東にリムスキという小さな町があります。これは「犬小屋」という意味だと地元の人に聞きました。犬小屋はネガティブではないけど、やはり日本では地名としては、あまり使われない気がします。

フランス語ではアメリカ合衆国（United States Of America）を Etats-Unis（エタジュニみたいに聞こえます）と呼びます。ここで少し面白いのがニューオリンズとニューヨークです。ニューオリンズはフランス人が入植して生まれた町だったので、フランス語では Nouvelle-Orleans（ヌーベル・オルレアンズ）と呼ばれますが、ニューヨークはイギリス人入植者が拓いた町なのでフランス語でも New York のままです。

人名にも地名にも歴史があって、調べてみると楽しいです。

『フィッツカラルド』Fitzcarraldo（82・西独／ペルー）ヴェルナー・ヘルツォーク

人名を活かす

以下、私の日記の抜粋です。

2001年9月18日（火）
午後、やっと『猿の惑星★』（ティム・バートン版）を見に行った。字幕上、人名が少なくて人物関係を強く出せていないけど、元の英語のセリフで人名を言っていないので、どうしようもない。何が最良なのか…。例えば『七人の侍★』。1つの物語の中で描ける立体感のあるキャラクターは7人が限界だといった話がある。この作品の場合…。（抜粋終わり）

この『猿の惑星』では元のセリフで、あまり役名を言っていないので、字幕よりも脚本の問題が大きいと思いますが、人名は重要です。邦画を誰かと一緒に見て感想を話し合う時、主人公の名前や悪役の名前を覚えてしまって話す事も多いです。キャラクターが際立てば際立つほど名前も印象に残ります。字幕もそれを活用する配慮をしたものが、結果的に優れていると私は思います。

10文字程度の字幕なら何とか8文字にして人名も加える。これは前に書いたように人名は何度か出るうちに記号化していき、文字数とは関係なく一瞬で認識できるようになるため、「目安」の文字数を計算する時、乱暴に言ってしまうと文字数に加算しなくてもよくなってきます。だからと言って入れすぎ注意ですが。

『PLANET OF THE APES　猿の惑星』Planet of the Apes（01・米）ティム・バートン
『七人の侍』（54・日）黒澤明

その兄弟は年上？　年下？　そしてガチバーン映画祭

英語から日本語に翻訳していて困る事が多い話です。ただbrotherと言われると、兄か弟か分からない〜。sisterも同じで姉か妹か分からないです。

音楽関係の素材でアーティストが身内の話をしているような場合は、まだマシです。アーティストのプロフィールを調べたり、レーベル側の担当者に調べてもらったりすると、上か下か分かったり。でも、メインになるアーティスト以外だと手がかりゼロの場合も…。そういう場合は雰囲気から適当に決めます（汗）。

以前、デイヴィッド・フォスターの功績を讃えるショー（YOU'RE THE INSPIRATION: THE MUSIC OF DAVID FOSTER & FRIENDS／君こそすべて〜デイヴィッド・フォスター&フレンズライヴ）を訳しました。彼のsistersは姉だけか、妹だけか、それとも両方いるのか。一瞬、困りました。

でも幸いその sister たちが画面に映ったのでよく見ると上も下もいるようで、「僕の5人の姉妹も云々」と訳せました。

ずいぶん前に訳したテレビ番組『フィアー・ファクター』では双子スペシャルという回があって、こちらは本当に困りました。「男女3人ずつ、6人が賞金5万ドルを目指す」というリアリティーショーですが、この回は、女性同士の双子が2組と男性の双子が1組という6人が出場し、最後に1人残るパターンでした。

女性の双子の1組は「私の方が4分先に生まれてるから」と言ったので、そう言った方を「姉」にできました。（とはいえ、日本では先に生まれた子を下の子にしていた時期もあり…。）男性の組も「俺の方が産道を先に出たんだから○○には今回も負けない」などと言ってくれたので、その人を「兄」にできました。問題は残る1組で、彼女たちはどっちが先に生まれたのか、断定的な手がかりがなく、結局、「baby」と呼びかけられている方を「妹」にして訳していきました。

できれば、兄、弟、姉、妹、全部分かるようにしてほしい…。でも、そもそも、なぜ brother や sister の年の上下差を英語は気にしないのか。

それから日本語では「兄さん」と弟が兄に呼びかける事ができますが、英語では弟が「Brother」と兄本人に呼びかける事はありません。普通、ファーストネームで呼ぶだけです。

「先生」もそうです。日本語では「先生」と生徒が呼びかける事ができますが、英語では「Teacher」

と呼びかける事はありません。この場合、「Mr. ○○」のようにラストネームで呼びます。（女性の場合はMissとかMs.です。）それで"Goodbye, Mr. Chips"が『チップス先生さようなら★』になるわけです。

何年か前に『食人族★』というイタリア映画を訳した時、アマゾンの密林で消息を絶つ若者4人のリーダー役を演じた俳優のカール・ヨーク氏が、この作品の特典映像でこんな話をしていました。『食人族』が日本で公開された時（1983年1月）、偶然sisterが日本で暮らしていて、この作品を劇場で見たと。ヨーク氏はインターネットの映画のデータベースでも簡単に名前が出てきてプロフィールも調べられました。でも彼のsisterは業界の人ではないようで、お姉さんなのか妹さんなのか分かりません。結局、ネットで彼の連絡先を調べ、直接、本人に聞きました。幸い本人から答えがあり、お姉さんだと分かりました。

その後、2016年5月に沖縄県那覇市の桜坂劇場で、私が企画しているガチバーン映画祭で『食人族』を上映する事になりました。ヨーク氏とはこの間も何度かやり取りしていて、この映画祭の趣旨を知っていたので、「それなら何か上映を応援するメッセージビデオを作ろう」という事になりました。結局、彼がアマゾンで消息を絶ってから30数年後の主人公を再演する形でカメラの前に登場し、「あの時は大変だったけど僕は生きてる。僕のフィルムを見付けたデオダートという男（『食人族』の実際の監督です）が勝手に編集して『食人族』という映画を世界で公開して儲けてるって事も知ってる。僕の取り分をよこせ」と言う2分半くらいのビデオを作ってもらいました。これは桜坂劇場での本編の上映当日、本編の前後１回ずつ上映しました。この作品は１９８３年の公開当時、『Ｅ．Ｔ．★』に次ぐヒット作になりました。その後、２０１５年から２０１６年にかけて、国内の一部の劇場で何回か上映されたのですが、桜坂劇場での上映は、ちょっとした『食人族２０１６』とも言える主人公のビデオメッセージ付き上映になりました。

ガチバーン映画祭で『エクスタミネーター★』を上映した時はジェームズ・グリッケンハウス監督がスカイプを使った生中継で桜坂劇場の観客とＱ＆Ａをやった事もあります。これも私が翻訳していた時に連絡を取ってあって、上映が決まったと伝えたところ監督自身が提案してくれて実現した企画でした。

関係者の作品への思い入れは、何年たっても変わらず強いという事が多いです。その意味でも、字幕を作る時は作者や関係者が込めた思いをできる限り落とさずに訳したいと思っています。

かっこよく言うと、字幕翻訳家はその映画の最後に残るスタッフです。古い作品を訳し直す時、関係者が全て他界してしまっている場合などは、まさに最後の砦。スタジオ製作の作品などは、著作権を管理している部署や関係者が、その作品について何も知らないなどという事はざらにあります。作品への愛着がないどころか、その存在も知らずにいる事も多いです。これも作品数が膨大になれば無理もない話ではありますが、映画は１本１本、多くの人の苦労の結晶として生み出されたもの。できるだけ大切に未来に残していきたいと思います。

『チップス先生さようなら』Goodbye, Mr. Chips（69・米）ハーバート・ロス
『食人族』Cannibal Holocaust（80・伊）ルッジェロ・デオダート
『E.T.』E.T. the Extra-Terrestrial（82・米）スティーヴン・スピルバーグ
『エクスタミネーター』The Exterminator（80・米）ジェームズ・グリッケンハウス

2階だ！

これは「First floor!」の訳です。イギリス英語。イギリスの警察が出てくるドラマの1シーンです。イギリスでは日本で言う1階の事をグラウンドフロアと言い、2階の事をファーストフロアと言います。1階は地上階、グラウンドの床。グラウンドは地面です。最初の「フロア」は2階になります。2階はフロアが人工的に作られていないと存在しません。フロアが物理的に不可欠な最初の階がFirst floor（2階）になるわけです。さらに欧米では家に入った後も靴を履いていて大丈夫なので、グラウンドフロアは地面のうち。1階上に上がると、そこは最初の床＝ファーストフロアなので2階がファーストフロアと考えるのもありでしょう。もちろん2つめの床＝セカンドフロアは3階です。

でも、やはりどうも日本語の感覚でいくと2階はセカンドフロアにしてほしいと思ったり。いずれにせよ、これは社会の進歩の結果でしょう。「家」がなかった大昔から「住居」が生まれ、「2階」を作れるように技術が進歩し、さらに3階、4階と…。その中で「2階建ての家」が一番多かったために、アッ

プステアーズとダウンステアーズという区別の仕方もあります。

とにかく、このイギリスのドラマでFirst floor! と叫ぶセリフは「2階だ!」になります。その証拠に、隣の家の屋根の上側が窓から半分見えていたりします。そうした映像の中の情報からも「このFirst floor は間違いなく2階だ」なんて確認しながら訳すわけです。

ちなみにfloor を使わない方法もあります。LEVEL。駐車場などで、よくこの表現を目にします。これだとFirst level ＝1階。Second level は2階。地下の最初のLEVEL はBasement1。やはりこの方がシンプルな気がします。10階建てのビルはLEVEL 10までである。それだけですから。

こうした表現の違いは他にも長さや距離や重さなど色々あります。個人的にどうにかできたらと思っているのが瞬間最大風速。日本では秒速でアメリカでは時速です。さらにキロとマイル…。天気予報で「瞬間最大風速100キロ」などという社会になると変換が楽になるのに…。

一番？　1番？

訳していて使い分けに迷う事の1つが漢数字と算用数字。

一番は一番か1番か。答えは両方です。では、どういう場合に一番で、どういう場合に1番か。

競馬のレース結果が字幕になっている場合を考えましょう。

1着、2着、3着、4着、5着、6着、7着…。

一着、二着、三着、四着、五着、六着、七着…。


これは字幕の場合、算用数字が合います。

賞金や払戻金は算用数字を使うだろうし、こういう話の場合は算用数字。

まあ、乱暴にまとめてしまうと数字がいっぱい出てくる話の場合は、算用数字を基本にする方がいいという事です。それから「数えられる数字は算用数字」というものありますが、少し乱暴すぎます。その理由を説明します。

漢数字が合うのはどういう場合でしょうか?


【浮気は1回だけですか?】


これは表現として別に問題はありませんし、文脈によっては使います。

ただ口語としては基本的に「浮気は一度だけですか?」になると思います。「一度だけの過ち」と「1回だけの過ち」を比べると、「一度だけ」の方が口語的だと思います。この場合の「1」は one や once ではなく only なので、実は表現に数字が入っているだけで数えるためのものではないからです。

【浮気は一度だけですか?】
【いいえ　何度も】

この場合は数の問題ではなく単数か複数かの問題になり、数えられる数字と見なさなくていいでしょう。

【浮気は一度だけですか?】
【いいえ　5度】

この場合は数えられる数字になりますが、「度」に算用数字が合わないので「回」にします。

【浮気は1回だけですか?】
【いいえ　5回】

この他、一、二、三までは漢字が合う事も多く、「仏の顔も三度まで」とか「四苦八苦」とか「三日坊主」

とか「僕の十八番」とか、熟語や慣用句になっている場合も当然漢字がいいでしょう。

では、最初の一番と1番の見分け方に戻ります。

原語が最上級的な表現の場合は、多くの場合「一番」が合います。「最も」などに置き換えられる表現の場合です。「僕の一番の友達」(「僕の親友」でもよさそうですが)は、「僕の1番の友達」にすると何か変です。もちろん、変なセリフで「僕の2番の友達」や「33番の友達」などが続いて出てくるようなら「1番の友達」もアリでしょう。

基本としては「最も」に置き換えても通じる話なら「一番」を選ぶという事です。「一番昔からの友達」といった場合もです。

では、次のような場合はどう考えればいいでしょう?

【護身のため殴りました】

【一度ではダメで】

【二度目でやっと倒れました】

この場合は数えられます。算用数字もあり得ます。でも「1度」や「2度」は、やはり好きではありません。そこで「1回」「2回」にするのも1つの方法です。

ただし、この場合の「一度」は、実は「最初」に置き換えようと思えば置き換えられます。「二度目」も同様に「次」に置き換えられる文脈です。こうした話の場合、3回目や4回目もあるかもしれません。その場合は1回、2回でいいと思います。ただ、多くの場合は原語でも「何度も」になるでしょうし、字幕の中で一度や二度で止まるなら、数えられるけど、「最初」「次」と見なして漢数字のままでいいと思います。

これはあくまで私の考えですし、書きされていない例外もあるはずですが、字幕翻訳のこうした具体的な考え方は情報が少ないので、何かの参考になるか、建設的な議論に繋がればいいと思います。変な表現ですが字幕は眼で聞く文字ですから、字幕として一番（＝最も）しっくりくる文字を選びたいと思います。

「を」

字幕って語尾が「を」（または「を?」）で終わっている事が時々あります。字数的な制約から「どうしてもそうなる」という場合も、確かにあります。

例えば、とある旅客機内でCAが乗客に「新聞を?（お読みになりますか?）」「コーヒーを?（お飲みになりますか?）」といった状況。これは両方とも「いかがですか?」でよかったりします。新聞でも雑誌でもコーヒーでもお茶でも、ＣＡが乗客に話しかけているという雰囲気を出しているだけならば。

でも「新聞を?」は4文字。「いかがですか?」は7文字。「を?」最強です。でもコーヒーに関しては「コーヒーを?」でも6文字。「いかがですか?」（7文字）から「か」を取って「いかがです?」にすれば6文字。同点。

さらに「新聞を?」と言われた乗客が新聞を受け取った場合は、元から「どうぞ」にしてしまう方法もあります。3文字。「どうぞ」の勝ち。

「色々あるぞ」と言いたいだけなのですが、「を」で終わる会話というのは、字幕以外ではそれほど多くありません。

字幕の「を」に影響されて、「を」（または「を?」）で終わる表現が使われる事もありますし、私自身も字幕の原稿を書いていて時々使います。

では次の場合どうでしょうか。

【奴らがいないか確認を】

これは

【奴らがいないか確認だ】

ではダメでしょうか。

話した人が女性なら「を」の方がいいかもしれないけど、それなら

【奴らがいないか確認よ】

の方が合うかもしれない。

「を」が語尾にくると字数を減らせる事が多いのですが、先述の「確認を」「確認だ」のような場合、字数は関係ないわけです。

制約の多い字幕なので、とにかくできるだけ多くの表現を考えてみる事が大事じゃないかと思います。語尾を「を」にするのは字幕翻訳家の職業病かもしれません。

いずれにせよ字幕を作っている人間として、先述のような字幕に出くわすと「この字幕作ってる人、1文字1文字考えながら原稿作っていなさそうだなぁ。脚本書いてる人は1語1語、言葉を選んで原稿

を作っているだろうにね」と思う事があります。

壁の向こうにはイタリックがいる

警告：この話はあなたの健全な映画鑑賞を阻害する危険があります。心配な人は読まないで下さい。

壁の向こうにはイタリックがいる。そんなルール、誰が決めたのか知りませんが、字幕ではこの手法は、それなりに機能しているのではないかと思います。見ていてそれほど違和感もないし、いつの間にか意味が分かる（見ている人が脳内補完してくれる）。いずれにせよ、字幕を作ろうとしていくうちに、自然に出てくる工夫の1つのような気はします。日本語字幕だけでなく英語字幕でも、イタリックになるパターンは基本的に同じです。

これ以降、注意です！

では、イタリック（＝斜体）が、なぜ右側に斜めになるのか？　これこそ謎です。左側に斜め（フォントがない！）になると生理的に落ち着かないという程度の事しか私には言えません。タテ字幕にすると少し分かりやすくなります。画面右側のタテ位置に右肩下がりの斜体で文字を出すと、ものすごく不安定になるので右タテの斜体は左肩下がりになります。ただ、左タテの場合でも右肩下がりは落ち着かず…。その上、左タテで左肩下がりにすると、それもバランスが悪く…。ややっこしいわ！　え〜い、もうタテで出すな！

となりますが、最近の映画ではタテがほとんどなく、映像上の文字や文章で訳が必要な時は、その文字の近所に、その文字を邪魔しないように横位置で出したりします。（あ〜よかった、解決。）

という事で、前置きが長くなりましたが、イタリック。斜体です。

イタリックは①壁の向こう、②電話の向こう、③テレビの向こう、④スピーカーの向こうからの音を意味する事が多いです。ナレーションやモノローグもイタリックになります。それから歌う字幕も。

要するに画面の中に観客（あなた）がいるとして、声を出している人が物理的に触れられない所にいる場合、その人の声がイタリックになる。という事になります。単に物理的に距離がある（それで触れられない）というだけではイタリックにはしません（2階の窓から顔を出している人に、通りから声をかけるとか）。

でも映像が2階の部屋を映していて、通りから誰かの声が聞こえるような時は、場合によってイタリックにしたりします。

では、壁がガラスで普通に声も聞こえる感じならどうするか？　これはケースバイケースで考えます。2人の間に壁がある事を強調するならイタリックでしょうか。

でも『羊たちの沈黙★』では、鉄格子の向こうのハンニバル・レクターとクラリスは斜体ではなく正体で会話してるんじゃなかろうか…（でも鉄格子だから仕方ない）。

さて、厄介なのが②の電話の向こうです。話し始めた時はAさんの部屋で、字幕の途中でBさんの部屋に行っちゃうような場合。これもケースバイケースです。少なくともAさんがAさんの部屋で話している間は正体で、Bさんの部屋に変わった瞬間からその字幕が斜体になる。という風にはしない訳です。まあ、AとBとどちらが長いかを見て決めるとか、それが半々くらいの時は、話しているAさんが主体の展開なのか、聞いているBさんが主体の展開なのか、なんて考えながら決めます。

最近、ものすごいシチュエーションで悩みました。ストーカー的な男が清掃係のような仕事でテレビ局で働いています。彼はあるニュースキャスターを嫌っています。この男がスタジオを見下ろせる窓がある部屋のテレビで、そのキャスターが司会のニュース番組を見ています。このセットアップは現実にはあり得ないですが、この男の部屋の窓が開いているようで、テレビのスピーカーから聞こえるキャスターの声よりも、窓から直接聞こえてくる声の方が鮮明で、この場合だと正体でOKになります。でも男はテレビを見ている…。テレビだからイタリックか？　いや、ストーカーが実はこんな近くにいると観客が分かりやすいように、スタジオから直接聞こえる声を優先して音をミックスしているのだから、やはり正体だろう…。結局、クライアントと議論した末、素直にテレビの音を優先したとしてイタリックにしたのですが…。

いっそ、そんな事で悩まず、正体と斜体の使い分けをやめて、全て正体にしたらどう？と思ったりもします。それでも案外成立します。でも、その時々で考えれば、それなりに区別できるし、その方が分かりやすくなったりもするので、やるようにします。

最初の警告通り、こんなのを読んでしまうと「次に映画を見る時に映画に集中できなくなるからやめろ！」という人は、手遅れですが、これ、読まなかった事にして下さい。すみません。


『羊たちの沈黙』The Silence of the Lambs（91・米）ジョナサン・デミ

字幕の声

字幕には声がない。

字幕は音に合わせて表示されるので声があるとも言えるのですが、原語で話す俳優の声は日本の声優と比べてメリハリのある話し方を特にしません。もちろん特徴のある声の人もいるし、滑舌がいい人もいます。それでも誰がしゃべっているのか分かりにくかったり、分かるまでに時間がかかったりします。

それは彼らの言葉が私たちの母国語以外だからです。母国語以外の場合、声の質の違いは意外に区別しにくいものです。その言語が少しも分からない人にとっては全てが「分からない言葉」になってしまい「人物Aの分からない言葉」と「人物Bの分からない言葉」を区別する余裕がないのだと思います。

実証実験をするといいのかもしれませんが、私個人の経験からも言えます。音声解説で3人の成人男性が話していると、誰が何を言っているのか分からなくなる事が多々あるのです。私は英語を聞き取り、その内容から「この声はAさん、この声はBさん」と区別します。画面に顔が出てこない点ではラジオのようなものですが、本人たちはラジオのつもりで話しているわけでもなく、すぐ「どれが誰?」となってしまうのです。内容的に誰が何を言っていてもおかしくないような時は、実際、どれが誰の声か判別不能になったりします。そういう場合は幸いにも、誰がどの情報を話していても問題ないので字幕としては成立しますが。

余談ですが、私が担当した作品に関しては、音声解説を聞き起こした原稿があった映画はほぼゼロです(イタリア映画のコメンタリーが英語に翻訳されていて、そこから字幕を作った例はあります)。全ては私と下訳をやってくれる人たち(と、時々、助っ人のネイティブスピーカー)の耳で聞き取ったままに翻訳して字幕にしています。だからコメンタリーで誤訳がある場合は、文字通り、訳を誤った場合と聞き取り違いをした場合があり、聞き取り違いの方が多いはずです。

という事で、字幕には声がない。

これを踏まえて戦場での群像劇を考えてみましょう。ライバル意識を持つ2つのグループがあって、それぞれのグループの近い階級の兵士が次第に理解し合うようになり、共に戦っていくような話とか。階級や徽章に詳しくないと、映像から得られる情報は限られ、基本的に同じ制服にヘルメット…という状態で、声で判別しにくかったらどうしましょう? 例えるなら『男たちの大和/YAMATO★』で中村獅童と松山ケンイチの声の区別がつきにくいとか、『踊る大捜査線★』で織田裕二と柳葉敏郎の声の区別がつきにくいようなものです。あくまで「例えるなら」ですが、傍役の場合、そういう事が案外あるのです。

『ニューイヤーズ・イブ★』『バレンタインデー★』みたいなドラマも同じです。電話の向こうの声だけで誰の声かすぐ分かる見方ができている人は少ないと私は思います。原語で理解して見ている人なら「今の声は、あいつのだから、こういう事だろ」とすぐ想像できるところも、字幕で見ている人は「今のは誰の声?」のレベルで疑問が湧いてしまうという事があるわけです。

作品鑑賞のレベルが浅くなってしまうのは、この場合避けられません。それでも字幕で話が分かるレベルならいいという考えもあるでしょうが、「今のは誰の声?」で悩む作品鑑賞は原語での鑑賞と別次元になります。

という事で字幕翻訳では文字数をできるだけ切り詰める必要があるとはいえ、「声」も意識したいです。

映像から得られる情報—外見や服装やクセ等々—に加えて、呼びかけ時の人名も、できるだけ入れる事です。例えば、「分かっただろ」より「いいな　ジョン」とか。少しの調整で人名が入るなら(もちろん原語のセリフに人名が入っている場合ですが)、その人名は字幕にも入れる努力をします。

こうして、できるだけ丁寧に(できる事なら脚本と同じだけ)「名前と顔を一致させる」配慮を字幕がしてあげる、というのも実は字幕が負っている大きな役割の1つではないかと思うのです。そうする事で特に傍役の個性がより鮮明になり、作品の細かい演出に気づきやすくなったりして、原語での作品鑑賞に近くなるのではないかと思うのです。

『男たちの大和／YAMATO』（05・日）佐藤純彌
『踊る大捜査線 THE MOVIE』（98・日）本広克行
『ニューイヤーズ・イブ』New Year's Eve（11・米）ゲイリー・マーシャル
『バレンタインデー』Valentine's Day（10・米）ゲイリー・マーシャル

セリフに近い字幕

前にも書きましたが、私は映画本編のセリフへの字幕は1枚1枚をできるだけ短くします。原語のセリフから伝わる情報を、字幕でもできるだけ同じタイミングで出します。一方、オーディオコメンタリー（音声解説）の場合、できるだけ長めにします。音声解説の内容の多くが、いわゆる「説明ゼリフ」になるからです。この場合は1行15文字どころか、16：9のモニターが大半になった今では16文字も頻繁に使います。音声解説では日本未公開作のタイトルを字幕にしなければならない事もあります。それは全てカタカナにするのか、直訳したタイトルを作って（仮）と後に付けるのか、もしくは直訳したタイトルを作ってカタカナでルビを付けるのか、それともローマ字で原題を出すのか、選択肢はまだ他にもありますが、ここで重要なのはルールを守る事より、いかに字幕の中で情報を処理するか。それだけで精一杯です。音声解説では、その存在意義からして、文字数を減らす事よりも情報が減る事を避けるべきです。

洋楽のライブなどでも曲名やメンバー紹介時に、ムリに2行にするより1行の方が読みやすい事が多く、やはり15文字でも16文字でも、時には17文字でも出す事があります。例えば、こんな字幕を考えてみます。（架空の情報です。念のため）

サンフランシスコ・ピース・フェスティバルで
グレイトフル・デッドが再結成ライブを実現

これは各行20文字くらいあって、確かに長いです。

これを単に2枚に分けて、それぞれを短時間出すより1枚のままの方が読みやすいはずです。でも確かに長い。この字幕の前後のどこかで地名を出せるなら、ここでは「このピース・フェスティバルで」（14文字）と「グレイトフル・デッドが再結成」（13．5文字）に減らす事ができるかもしれません。もっと短くするなら「この音楽祭で」（6文字）まで減らせるかもしれません。極限までやると「デッド復活！」もあり得ます。前後の情報の出し方でこうした工夫ができるなら、もちろんすべきです。考え得る限り簡潔に情報を出しているのに、どうしようもなく長くなる時の意訳です。

ドラマのセリフに関しては特に「可能な限り一定の文字数に抑える」工夫が何より大事です。結局、まずは「自分の頭で考える」事が重要なわけです。字幕は「まず形から」入って行かずに「自分の頭で考える」。「公式を覚えるのではなく、公式が公式になった理由を理解する」事が重要です。

俺、おれ、オレ（詐欺じゃないけど）

俺、おれ、オレ、僕、ぼく、ボク、私、わたし、わたくし、あたし、うち、おいら、自分…。

この本の中の私は「俺」ではなく「私」です。ネットに文章を書く時は「僕」も使います。普段、友達と話す時は「俺」。年が上に離れた人と話す時は「自分」「僕」「私」「こちら」…。下に離れた人と話す時は「俺」が多い気がします。基本的に自意識の問題だとは思いますが。

そういえば、「知人」と「友人」の違いは分かりますが、「友達」と「友人」の違いって何でしょう？「友人」は複数にならない。「友達」は単数でも複数でも使える。これが1つ。

そして「友人」はフォーマルな感じで、「友達」はカジュアルな感じ。さらに「友人」の方が「友達」より親しい感じ。でも「友達」と言って親しさが出ないわけでもない。フォーマルで親しい友達が複数遊びに来たら「友人達」もあり得ますが、その場合、読みやすさを考えると「友人たち」がいいのかも。

ここで思ったのですが「友人」「友達」「友人たち」の3つだと、文脈抜きで「複数だ」と分かるのは「友人たち」だけです。

ちなみに英語だと「知人」はacquaintanceで「友人」「友達」はfriend。「ダチ」はbuddy。

ここで「自分」に戻って英語の一人称。これは簡単で、ほとんどが「I」で済んでしまいます。では、「私は〜だと思います」にするとどうなるか。

基本はI think〜ですが、「疑わしく思う」はI suspect〜。軽い感じに「じゃないかな」はI suppose〜。前に書いた「思われます」みたいな感覚だとI assume〜。「思う」から少し離れるとI imagine〜、I envision〜などもあり。主語の「I」は単純ですが、動詞の部分は日本語より表現のバリエーションがある気がします。

消される地名

アルバイトの大学生が数人働いている店。大学生が1人遅刻してきます。そこでの会話。

A「お前　どこ行ってたんだよ」
B「昨夜　遊んでた」

これでも特に問題はありません。

しかし、実際は

A「お前　どこ行ってたんだよ」
B「昨夜　渋谷で遊んでた」
と言っていたらどうでしょう?

Bのセリフの情報で、「昨夜」を落とすか「渋谷」を落とすか…。

前夜、Bが遊んでいた事は、この会話の前のシーンで観客には分かっているとします。

さらに「昨夜」のシーンの冒頭には「渋谷」という道路標識も出ているとします。「昨夜　遊んでた」と訳した人は「渋谷」という道路標識に対して「ようこそ　若者の街へ」といった字幕を付けました。地名を特定できる情報を2回とも消す事になります。日本語を全く知らない人が見ていたら、どこの町か分かりません。

渋谷＝若者の町だという情報のリンクを観客にさせてあげようとしたという意図は分かります。しかし、この作品を見ている人が、最初の会話で知るべきなのは、関東が舞台なのか関西が舞台なのかという事であり、「Bが昨夜、若者の町で遊んでいた」という事は、前のシーンを見れば、翻訳字幕がなくても自然に分かります。

ところでアメリカにはギャンブルで有名な都市がいくつかあります。日本人に最も馴染みがあるのはラスベガスです。しかし、同じネバダ州にもリノがあり、東部にはアトランティック・シティもあります。

「カジノの街」だけでは東部か中西部か、その作品の舞台は分からず、多くの日本人は無意識に「ラスベガスのような街」とイメージするでしょう。

仮に、その作品の監督が「アトランティック・シティ」という道路標識を映像として出し、先ほどの例のような会話があったのなら「ようこそ　カジノの街へ」ではなく「アトランティック・シティ」と字幕で見せ、AとBの会話は

A「お前　どこ行ってたんだ」

B「アトランティック・シティ」

になるべきです。地名などの標識は英語でも読みやすいから、さらに付加的な情報を字幕に入れる、という考えもありますが、日本語の字幕が出ている場合、まず字幕に目が行き、その後、余裕があれば画面の英語を読もうとするのが、多くの人の自然な反応なので、「ようこそ　カジノの街へ」という字幕を出すとその日本語を認識する間に、映像は次の場面に変わってしまう危険があります。

この道路標識とA&Bの会話は、作品の舞台が東部か中西部か分かる唯一の情報でした。道路標識への翻訳も素直に直訳し「アトランティック・シティ」として、A&Bの会話で改めて出れば、この作品の舞台が東部の「とある町」だと印象づけられる可能性が高まります。

字幕が文化だというのは大げさかも知れませんが、映画は文化です。作り手の意図以上に多くの情報が盛り込まれ、時間が経てば経つほど、その情報の1つ1つが重要になっていきます。たとえば50年前

の日本映画。物語以上に当時の生活習慣自体が興味深かったりもします。表面的な物語の展開の中で、舞台が東部なのか中西部なのかは重要ではないとしても、「映画」という「限られた時間」の中で、監督や脚本家が盛り込んだ情報を1つでも多く出そうとするのが字幕の使命です。

観客は細かい情報を無意識に読み飛ばし、ストーリーを追っていきますが、脚本には良くも悪くも、より細かい情報が書き込まれているのです。翻訳家の仕事は、そこを意識して、観客ではなく脚本家の視点でストーリーを消化する事でしょう。

「せねば女」と「なのかね男」

「んない」問題（造語）でクライアントと議論した事があります。「動かん」→「動かない」。「心配には及ばん」→「心配には及ばない」。「助からん」→「助からない」。

「ん」の語尾のキャラも想像は付くと思いますが、これを「ない」にすると、まろやかな感じになる気がします。

この議論の時の作品は「ん」のキャラで一度、過去に公開していて、その時にも特に問題はなかったのですが、再公開の機会に「このキャラは『ない』でお願いします」と言われて、私は「そう？」と思いつつ見直してみました。この人物が「ん」で話し終えている箇所を全部見直します。「あら、まろやかな感じでＯＫだ」と私も思いました。という事で、このキャラは「ん」から「ない」に変更しての新字幕になりました。（1文字増えるので、尺調整できるところは少し延ばして、無理なところは無理せずに。）

この作品では漢数字と算用数字の使い分けの考え方でもクライアントとズレがありましたが、これに関しては私の考え方をクライアントも容れてくれました。

さて、「せねば」女と「なのかね」男。

最近の劇場公開作品でも、時々見かけます。無用な笑い所を増やす意図でもない限り、やめた方がいいかと思います。

少なくとも私自身は現実の世界で「せねば」女に会った事がないのですが…。「なのかね？」と質問する若者も。

脚本訳

脚本訳。これは私が友人と話していて作った造語です。

セリフには1つ1つ意味があります。パターンは色々ありますが、まず脚本を書くプロセス。ストーリーを考え、キャラクターを作り込み、起承転結を考え、脚本の元になる青写真を作る。その中でセリフが生まれる。順番は違っても結果的にこれらの構成が1つの作品になります。

字幕翻訳で重要なのは①ポイントになるセリフはどれか。②キャラクターの個性を出す言い回しはないか。③キャラクター設定から考えて、日本語ではどのような口調がよいのか等々…。これらの要素を考えつつ字数と格闘するから字幕翻訳は大変なのです。先述したように脚本家の視点でストーリーを消化する。これが脚本訳です。

①のような伏線を意識できずにスムーズに読める字幕を作ると伏線は死に、字幕を頼る観客には分かりにくい話になります。作品の持ち味が死にます。さらに、そこに勝手な味付けをしてしまうパターンもあります。結果として、そういう字幕では細かい持ち味抜きで話を理解するので、あらすじを読んでいるのと大して変わらなくなります。

作品の持ち味を殺して「自然な日本語」の字幕を作るのは作品の改変と同じです。「スムーズに読めたからOK」だけでは、監督や脚本家や俳優の努力は報われません。

②や③に意識を置かない字幕は、観客が脳内補完で何とかします。

一方で①を意識できる人が翻訳すると「これは落とせない情報だ」とか「このニュアンスは落とせない」と悩む。そして①を意識できるからこそ②や③にも気配りできる。いや、②や③を無視できなくなる。②や③を丁寧に積み上げてこそ①が生きてくるのですから。

「字幕翻訳」の基本は「脚本訳」です。脚本訳ができるからこそ字幕にするのに苦労する。これが当然のプロセスです。「脚本訳」ができていない翻訳字幕は、いくらスムーズでも自然でも簡潔でも字幕の機能を満たしていません。

場面転換のためのキーワードがセリフに入っている場合、それを訳さないと、その作品の流れに乗りにくくなります。①のような伏線を意識できないまま、②キャラクターの個性を出す訳をしていくと、一見スムーズに読める字幕になっても、結局は伏線が死んでしまうのです。結果的に、字幕を頼る観客にとっては分かりにくい話になります。

多くの作品の字幕では②が重視され、①は案外見落とされます。これはなぜなのでしょう。理由は色々考えられますが、1つ言えるのは、②は原語（英語に限らず何語でも）と日本語の対比によって吟味する必要がないという事です。俳優の演技を映像で見て、そのキャラクターに合う言い回しかどうか、日本語だけで判断できてしまうのです。原語が分からない人でも「いい感じ」とか「合ってない」と感じる事ができます。一方、①は、当初の字幕がそのポイントを提示し損ねていると、それを見た人が「このポイントが抜けている」と気づく可能性が極めて低くなります。原語が分かる人であれば、それに気づく事もあるかもしれません。しかし、そこまで分析的に字幕を吟味して映画を見る事はあまりないでしょう。映画を見終わった後も、②に関しては「字幕の言い回しがキャラに合っていた」とか「合っていなかった」と語り合う事もあるでしょうが、①に関して語られる事はほとんどありません。

通常の字幕は②ばかりが重視されがちです。先に書いたように、それは仕方ない面もありますが、実際には①は②以上に重要な要素であり、それは「脚本を訳す」という「字幕翻訳」になります。

乱暴な言い方になりますが、機械翻訳でも字幕は作れます。それに雰囲気でキャラを出すように手を加えれば、それなりにセリフっぽい字幕にもなるでしょう。しかし、映像とリンクする情報を見付け出す事は機械には困難です。その意味で、②より①の方が重要な作業になるのですが、不幸な事にそれに気づく人は少ない…。

次に字幕を見る時、ぜひ「脚本訳」というキーワードを頭に入れて見てみて下さい。

字幕翻訳の流れ

次の文章は2005年7月に書いたもので、映像技術のデジタル化が進んだ2018年現在では、かなり変化があります。ただ、アナログが主流だった頃の字幕翻訳作業の流れも一般の人が知る事は少なく、大きな流れとしては今でも参考になると思います。そこで一部改訂して収録します。
①翻訳者が「ハコ書き」（または「ハコ切り」または「ハコ割」）をする
②フィルムに字幕を焼くスタジオの誰かがスポッティングをする
③翻訳者が翻訳する
簡単に言うと、この3つがあります。

私自身が1人で翻訳する場合、この3つを同時にやります。そして完成した字幕の仮ミックス版を見て自ら赤入れします（厳密に言うと①はやりません）。

この①ハコ書きというのは、英語の原稿を字幕ごとにペンでスラッシュを入れて区切る作業です。

This is not the actual script of a film... They were all very, very sweet about it. They appreciated the fact that I called them...

というセリフ（原稿）があるとします。これを…

/This is not the actual script of a film... /They were all very, very sweet about it. /They appreciated the fact that I called them...

この「/」（スラッシュ）を手書きで原稿に入れていくのがハコ書きです。

これを目印にしてスポッティングの担当者がスポッティングをする。

さらに通し番号も、翻訳者かスポッティングをやる人が手書きで記入します。

1/This is not the actual script of a film... 2/They were all very, very sweet about it. 3/They appreciated the fact that I called them...

といった具合です。

さて、月曜日に翻訳者の手元に素材が届いたとして、このハコ書きをするのに最低でも作品のリアルタイムがかかります。だいたい半日の作業でしょうか。

英語のスクリプトは１００ページから数百ページある事が多いです。

予算が少ない作品はダイアローグリスト（台詞のみ書かれた簡易台本のようなもの）だけとか、数十ページしかないものが多いです

この数百ページもある紙の1枚1枚にスラッシュを書き込み、通し番号を付けていくのがハコ書き。

これが終わると翻訳者は郵送で原稿をスタジオに戻します。

うまくすれば火曜日に原稿がスタジオに戻ります。ここで数百ページ全体をコピーします。1部はスポッティング担当者のため、もう1部は翻訳者に戻すため。

火曜日。スポッティング開始。１０００枚のスポッティングは頑張れば1人でやって1日で終わります。原稿が午後到着したら、たぶん作業が終わるのは水曜になるでしょう。

スポッティングが終わると…。このやり方をしないので分かりません…（汗）。

とにかく水曜の午後か木曜の午前くらいから翻訳者が翻訳を始めます。

これは私はやらない方法なので知りませんが、月曜にハコを切った場合、当日から翻訳作業に入らない事は確かです。

私の場合は月曜から翻訳に入るので、早ければ木曜、遅くとも週末には翻訳が終わります。

第一稿が出来ると、リアルタイムで字幕入れをして、自分の原稿に赤入れです。

私のプロセスだと専門分野の表現に関して怪しいところが残るとしても、セリフが自然かどうか、（普通に鑑賞する状態なので、英語を聞きながら）誤訳がないかどうかを確認します。こうしたチェックは自分1人でも、かなりのレベルまで行います。

その際に、自分で怪しいと思う箇所は「？？」などの目印を字幕の横に打っておきます。

特に時間がない場合、スポッティングと翻訳を同時にするのが前提でなければ話は始まりません。私は字幕翻訳を始めた30年近く前からそうしていますが、「翻訳家はスポッティングなどしない」と言う人もいるようです。いずれにせよ、私の方法が他と違う事は確かです。

まとめると、私は翻訳自体に可能な限り時間をかけます（「字幕」翻訳の場合はスポッティングも字面と同じくらい重要な要素なので「翻訳」に時間をかけていると言えます）。そして、できるだけ早く最後まで一度仕上げます。実は、それからが始まりとも言えるのです。細かい部分のチェックをはじめ、意味は問題なくても画面に文字が乗った状態で見てそれが不自然にならないか、会話の流れはどうか、などなど。もちろん誤訳が無いかどうかも、画面に字幕が乗っている状態で原語を聞けば、見抜きやすくなります。

アナログ時代、翻訳者の多くは画面に字幕が乗った状態での確認をせずに原稿を納品していたはずです。

それから私の方法では素材や原稿やデータの移動が少ない（全部同時にできます）。

結局、私のやり方だと「ハコ書き」は無用です。以前、字幕は「紙焼き」という、文字だけの紙芝居のようなカードに書かれたものを画面に焼き付けていました。その場合はハコ書きしておくと「何番目の字幕」という数え方をしやすく便利でしたが、今ではビデオがありますので無用です。

どんな方法にしても、大事なのは字幕の原稿を早く仕上げ、その字幕を丁寧にチェックするための時間を作る事です。

字幕翻訳のキャパシティ

100分で字幕1000枚の映画のスポッティングと翻訳を同時に1人で行なうとだいたい5日から1週間ほどで完了します。ここでスポッティングと翻訳を分担すると、翻訳は4日。さらにスポッティングと下訳に分けて、赤入れだけだと1日から2日。

最大で1日1本映画を赤入れする事は可能です。ただ、これをやると大変です。その上、1人ではどうしても雑な作業になります。パーフェクTV（=現スカパー）の放送が始まったのが1996年10月。私は8月から素材に字幕を入れ始め、ほぼ10ヵ月間、ラフに映画に換算して毎日1本以上の字幕を赤入れして完成させていました。300日で300本…。実際は30分のドラマが多く、タイトル数としては800本ほどでした。30分のドラマを3時間から5時間ほどで赤入れして、それを再度仮ミックスして、社内のスタッフが誤植等のチェックのために見直し、編集する。編集も社内でやっていました。途方もない仕事でした。20代の体力があってこそ可能だったので、今では10ヵ月続けるのは難しいです。

1ヵ月30本=約50時間。私の会社であるヘザーでの限界はこんな感じです。実際、最近は月平均20時間程度だと思います。いくらスポッティング、下訳、下訳チェック、赤入れ、誤植チェック、のように分担しても、「私が訳した場合の字幕」に仕上げる「赤入れ」で、どうしても体力的にボトルネックになってしまうのです。

この当時のクレジットは「日本語字幕　落合寿和&〇〇〇〇」といった具合に、下訳者の名前と連名で放送していました。今はなき「チャンネルWE」がメインで、このチャンネルはクレジットに関して私の希望を受け容れてくれていました。

ところでヘザーは1996年2月設立です。CS放送開始に伴う需要の増加に備えるという理由もあり、フリーのディレクター兼翻訳家（個人）の立場から会社にしました。

そしてＶＨＳ素材で仮ミックスを作れるシステムを完成させました。パーフェクＴＶの放送開始の1ヵ月ほど前、１９９６年の8月下旬です。今では「仮ミックス」をノートパソコンで手軽に作れる環境が整っていますが、当時は皆無に近い状態だったため、それだけ仕事がヘザーに集中したのです。

驚く人も多いと思いますが、私は今も下訳の段階まではＶＨＳテープを使っています。ＰＣの編集ソフトも併用し、下訳が一度終わったところからｍｐ４などの動画ファイルをＰＣで見ながらの作業になるのですが、字幕を表示するタイミングを決めるのはジョグシャトルのついた業務用ＶＨＳデッキを使う方がはるかに楽で早く作業できます。タイミングだけを出すのであれば1時間で１００枚。アナログとデジタルという表現に沿って言うと、音のタイミングに関してはアナログのＶＨＳの方が、耳が生理的に認識するオンとオフがクッキリして、デジタルだと波形的な認識になりオンとオフの区切りが曖昧になるためです。おかしな話ですが、アナログのＶＨＳの方がデジタル的にタイミングを出せるのです。

とはいえ業務用ＶＨＳビデオデッキは生産がはるか昔に終了し、サポートも終わっています。最後に残ったビクターの最後の担当者も、その部署から外れてしまいました。幸い、ジョグシャトルのあるビクター製業務用ＶＨＳビデオデッキは市場に出た数が多く、中古品を探すのが簡単で助かっていますが。

タイピング

翻訳能力を左右する要素の1つにタイピングの速さがあります。字幕は映像と音声と共に視覚と聴覚から見る人の脳に届く文字です。文字の並びを読みやすいかどうか吟味する事が重要です。

これにはタイピングの速さが大きく影響します。打っては消し、消しては打ち、打っては語順を変え、表現を変え、また打つ。この繰り返しをペンと紙でやるのに比べて、コンピュータのキーボードは非常に効率的です。濃密にブレインストーミングできます。

字幕は限られた時間で見てもらう勝負の連続なので、実際にいくつものパターンを目で見て語順を考えるのは効果的です。ペンと紙では頭の中で考えているだけで煮詰まりやすい。実際に文字を並べて、視覚的に吟味する方がよいのです。

私の場合、中学生の頃にワープロが世に出て、ディスプレイは2行だけでしたが早くからキーボードを打つようになりました。大学の頃は勉強するにもワープロなしでは始まらない状態です。ちなみに翻訳の仕事をするようになった90年から91年にかけては、まだ手書きの原稿を使う事がありましたが、92年から93年くらいには全てワープロになっていました。

手書きでの思考速度とタイプでの思考速度、これは全然違います。速度ばかりでなく、タイプの方が無用な事（消しゴムのカスとか、手の汚れとか）に気が散る事も減ります。字幕翻訳でなくても仕事で両方を経験している人ならすぐ分かるでしょう。厳密なテストではないですが私の場合、1分100ワードから150ワードくらいの速さらしいです。たぶん、それほど速くもなく遅くもなく、という感じです。

映画は1枚の透明なガラス

1枚の透明な板ガラスを想像して下さい。そこに指紋をベタベタ付けて、最後にきれいに拭き取る。1枚のガラスが「映画」。ベタベタ付けた指紋が「語学力」。拭き取る作業が「字幕」です。「映画」がどこまで透明か、それは映画の仕上がりそのもので、翻訳によって変わるものではありません。

翻訳家は透明なところが残らないように徹底的に、その作品の言語を理解します。これが指紋だらけにするという事です。その指紋をきれいに拭き取る作業が字幕を作る事になり、拭き取り方が悪いと分かりにくい訳になります。残念ながら私自身、指紋を付け忘れる事も、拭き取り忘れる事もあります。

字幕はクライアントがチェックしますが、指紋を付け忘れた部分は拭き取り忘れても透明なのでスルーしてしまう事があります。そういう部分は誤訳や違和感のある訳になります。

2015年に公開された『ジュラシック・ワールド★』で、森の中で途方に暮れた主人公2人が話すシーンがありました。ヒロインがヒーローに聞きます。「これからどうするの?」。ヒーローは「散歩だよ。

この恐ろしい森をな」という感じに答えます。意味は問題なしです。指紋はついています。でも拭き取り方に違和感がありました。字幕ではヒーローの答えが「散歩だよ。この恐ろしい森をね」になっていました。途方に暮れたマッチョなヒーローの言葉の語尾が「ね」だと、優しい感じになります。試しに吹替版を見ると「森をな」と言っていました。実際、吹替で「森をね」にしたら声優さんも演技しづらいはずです。字幕は音と一体となって認識されるので、こうした語尾（＝口調）も当然意識しないといけません。

『ジュラシック・ワールド』Jurassic World（15・米）コリン・トレヴォロウ

ショートコラム②読めなくてもいいつもりで出す字幕

予告編の翻訳字幕や情報テロップは、消えるのが早すぎるか、情報量が多すぎて読めない事も多いです。『ユーロクライム！70年代イタリア犯罪アクション映画の世界』（12年）というドキュメンタリー映画の予告編では1秒の10分の1（3フレーム）しか表示されない字幕もあります。「驚き」「危険！」「びっくり」といった言葉がフラッシュする状態の編集なのですが、これもしっかり見ていれば認識できます。一瞬まばたきしたら見逃しますが、それでも構わないという編集です。この予告はインターネットで見る事ができるので興味があるようなら「ユーロクライム！」で検索してみて下さい。

第 三 章

ラビリンス／字幕の迷宮

写真＝『ポゼッション』

肩書きと台本の種類

私は自分の肩書きを「字幕翻訳家」ではなく「字幕演出家」と呼んでいます。

多くの人は「字幕」と聞くと、映画館で見る映画の字幕を真っ先に連想するでしょう。映画には台本があるのが普通です。この「台本」には数種類あります。1つは翻訳者向けにセリフを列記したダイアローグリスト。これは画面の細かいカット割などを簡潔に記した、セリフを中心に作られた台本です。この台本は通常、撮影後、それも作品が完成した後に、その作品通りのセリフが書かれているものになります。台本は撮影のために使うものがありますが、これはアドリブでセリフが変わったり、予算の都合でカットされたり、様々な要素が絡んで変更され、翻訳作業に必要な「聞き起こし原稿」としては不十分になる事が大半です。逆に、セリフだけでなくカット割もしっかり書かれている上に、「●●という単語は、この場合、この地域特有の使われ方をしている。平易な言い方をすると▲▲になる」といった注釈が随所に入っている台本もあります。これは当初から世界公開予定の作品に多く、どの国の翻訳者も迷わず訳せるように配慮された台本です。全ての翻訳にこのような台本があればいいのですが、残念ながらそうもいかないようです。字幕というのは、そもそも口語です。最近は話し言葉を自動で文字にする技術も進んでいますが、今のところ、映像の音を直接聞き起こして翻訳する事も必要になってきます。

私の場合、この英語を聞き起こして作られた原稿（スクリプト）のない素材を翻訳する事からこの世界に入りました。第1章の〈いよいよ字幕翻訳家デビュー〉の項でも触れましたが、30年近く前、ＥＰＫ（エレクトリック・プレス・キット）が映画業界で増え始めた頃にテレビ朝日系・土曜深夜に放送されていた『ハロー！ムービーズ』という映画の情報番組を制作していたプロダクションに面接に行った時にＥＰＫと出会いました。

番組で紹介するのは5本から7本ほどの新作です。その新作のＥＰＫ素材をデスクに並べ、番組のディレクターの横で素材を口頭でラフに訳していきます。

素材にはタイムコードが記録されていて、番組のディレクターは「ここからここまで使いたいかな」といった具合に、「使いどころ」を抜き出してダビングしていきます。全体で2時間とか、多ければ4時間、5時間ある素材を、数十分の使いどころ候補に絞る作業です。この作業だけでたいてい丸一日かかります。

その数十分の素材ができたところで翻訳作業に入ります。字幕が画面に出るタイミングと消えるタイミングのタイムコードも書き出しながら翻訳を進めます。当時、ＥＰＫに台本やダイアローグリストが付いてくる事はほとんどありませんでした。さらに、数十分の素材を訳しても、実際に放送されるのは長くて10分程度。1つの番組作りの裏にも、「Behind The Scene」的な苦労があるものです。

ここで「字幕翻訳家」と「字幕演出家」の違いについて。

「演出家」というと「字幕」に対しては大げさな感じもしますが、実は非常にシンプルな考えです。「字幕」というのは、文字の内容がもちろん重要ですが、出るタイミングと消えるタイミングが自然であるという事も重要なポイントになります。しかし、特に映画の翻訳では、このタイミングを取る作業と翻訳とを別々の人が分業するのが一般的なのです。字幕の字面とタイミングを同時に調整していくのは私にとっては自然な作業であり、そうした方が観客の目にも自然に入っていくと思います。この自然さを出そうと調整する事が「字幕」の「演出」という事です。「字幕」という「翻訳」された文章を作るのが「字幕翻訳家」であり、映像と音に乗って流れる「字幕」という情報を自然に見せるにはタイミングを調整するという「演出」が必要になるのだと。そこで私は「字幕演出家」という肩書きを名乗っています。

朽ちる想い『戦争のはらわた』

キネマ旬報1977年3月下旬号（No．704）の114ページから118ページまで、石上三登志氏がサム・ペキンパー監督とジェームズ・コバーンにインタビューした記事があります。

これはペキンパー監督が『戦争のはらわた★』のプロモーションで来日した時の記事です。私も本作を翻訳しました。2000年2月のリバイバル公開用でバンダイビジュアルからDVDとVHSで発売されましたが現在は廃盤です。これはとても興味深いインタビューです。５ページもあるので図書館などでぜひキネマ旬報Ｎｏ．７０４を探して全文を読んでもらえたらと思います。素晴らしいインタビューを記録してくれた石上三登志氏に心から感謝します。

さて、『戦争のはらわた』は劇場初公開時のフィルム、ＶＨＳ（キングレコード版）、ＬＤ（ワーナーホームビデオ版）、ＤＶＤ（2社＝バンダイビジュアル版、ジェネオン・ユニバーサル版）と、５種類ほどの字幕があると思います。フィルム版は簡単に見られるものではないし、もう存在しないかもしれませんが、他の4種類はオークションなどでも出回る事があるので、見る事が可能だと思います。

私は軍事用語に詳しいわけでもなく、国ごとに違う階級もいちいち調べながら訳します。この作品を訳した時は、幸いにして戦争映画に詳しい人たちが集まりアドバイスしてくれたのが心強かったものでした。私の中でも印象の強い仕事です。ただ、印象が強いとは言っても自信をもって「最高の字幕です」と言えるわけではありません。「精一杯やった」とは言えますが。「精一杯」でも不十分なものは不十分で、発売版のソフトの字幕ってイヤです。廃盤になろうとずっと残りますから。

そして、私が訳した後、改めてジェネオン・ユニバーサルからＤＶＤとして発売になったのですが、その字幕は評判が悪いようです。私は見ていないのですがウィキペディアでは「字幕に誤訳と思われる不自然な点が数多くみられる」という事らしいです。

キネマ旬報のインタビューによればペキンパー監督はピキンファーでもポンチモーでもいいという

大らかな人だったので、それほど気にしないのかとも思いますが、もうちょっとしっかり仕事をしてくれ、と多くのファンは思うでしょう。

もしかするとペキンパー監督自身、天国で最新の日本語字幕版を見て「オー、シット」と言っているかもしれません。

ペキンパー監督は怒らないかもしれません。でも、本人が亡くなってしまったからと言って、その作品に込められた想いを台無しにすべきではないと思います。今後、改めてソフト化される時には、しっかりした字幕になる事を願います。

人の思いが込められた映画。それを見た人たちの思い。大切なものがたくさんあって、それがどんどん失われていくような寂しさを感じます。

この文章を書いたのは２０１１年の大みそかでした。その後、『戦争のはらわた』は２０１７年９月にブルーレイで発売され、このソフトには私の字幕版も含め、先述した数種類の日本語字幕が収録されています。どのバージョンの字幕にも良い点、悪い点があるでしょうが、それを見比べる事ができる珍しいソフトになっています。ペキンパー監督も、少しは喜んでくれているかもしれません。

『戦争のはらわた』Cross of Iron（77・英／西独）サム・ペキンパー

妹の銃弾が兄を動かすドラマ『ワイルド・スピード SKY MISSION』

ポール・ウォーカーの遺作となった『ワイルド・スピード SKY MISSION★』に印象的なセリフがあります。作品の中の彼の妻ミア（ジョーダナ・ブリュースター）が、兄ドミニク（ヴィン・ディーゼル）にこう言います。「ブライアン（ポール・ウォーカー）は、結婚して子供も生まれて幸せだけど、時々、銃弾が恋しくなるって言う」と。この作品の中で「銃弾」（bullet）という表現は3回出てきます。（それと「防弾」bulletproofが1回。）

私はこの作品を公開初日に劇場で見ました。字幕を吟味する気などなく、ただ楽しもうと見ていただけです。そして10分から20分のあたりで、このミアのセリフがありました。少し印象に残るセリフです。そして1時間くらいが過ぎ、見せ場を1つ生き延びたドミニクとブライアン。ここでドミニクが「銃弾が恋しいか?」と聞きます。この時、私は「やっぱり印象に残るべき表現として使っていたんだな」と思いました。妹思いの兄ドミニクはブライアンに落ち着いてほしいと思っています。さらに15分ほど後、この2人がSKY MISSIONを生き延びたところで、またドミニクがブライアンに言います「これでも銃弾が恋しいのか?」と。ここでは2人が少し落ち着いた状況で話せて、ドミニクは「何より大切なのは家族だ。家族を大切にしてくれ。頼むぞ」といった事を言います。以上がこの作品に3回出てくる「銃弾」という言葉の使われ方です。銃撃戦が多い作品なのに「銃弾」という言葉は3回しか出てきません。

そしてこの3回全てがリンクしています。ミアが夫の言葉を兄ドミニクに伝え、妹思いの兄は義理の弟に「家族を大切にしてくれ」と頼む。この作品はアクション映画で、派手な見せ場が多く楽しめます。アクションだけを見ていても楽しいのですが、ドラマもあります。チャプターを飛ばして続けて見れば分かりますが、この3回のbulletは有機的につながっています。

さて、これらのやり取りの字幕が実際どうなっているかと言うと：

①00時16分05秒位

〈妹ミアが、兄ドミニクに夫ブライアンの言葉を伝える。ブライアンは平凡な暮らしに馴染もうと苦労している。そこでミアが言う〉

He doesn't miss the girls.
He doesn't miss the cars.
He misses the bullets.

【"車じゃなくて
銃弾が恋しい"って】

②01時03分40秒位〈ドミニクとブライアンの会話〉

ブライアン：It was pretty wild on that mountain, huh?

【スリリングな作戦だった】
ドミニク：No, it was too close. But we got the job done.
【ヤバかったが やり遂げたな】

ブライアン：You know what? The crazy thing is, is...
【刺激的だった】

ドミニク：You miss the bullets.
【銃弾の雨で?】

③01時20分05秒位
〈車を暴走させて高層ビルから高層ビルに2回飛び移り、3つめのビルから車が落下する直前に飛び出した2人。辛くも生き延びたドミニクがブライアンに言う〉
ドミニク：Still miss the bullets, Brian?
【十分 刺激的だろ?】

となっています。脚本家が書いた脚本は「miss the bullets」が3つリンクするようになっていますが、字幕で見る限りでは②と③だけがリンクします。それも英語にはない「刺激的な」という言葉を使って。①の段階で「刺激的な」が字幕に入っていればよかったのですが、入っていません。これではドミニクの妹思いの部分がつながりません。

先ほど書いたように、私はこの作品を公開初日に劇場で見ました。特に予備知識もなく見たのですが、アクション満載の本作の中のドラマ部分として、この3回の bullet は印象に残りました。字幕に頼らず英語版を見るアメリカの観客も同じはずです。でも、先述の字幕だけを頼りに見ていた人たちは、妹への兄の思いも、ブライアンの思いも、伝わり方が違ったでしょう。「あのセリフは感傷的でいいよね」といった会話は発生しないと思います。

この作品のソフトが手元にある人は試しに見てみて下さい。先述の時間はソフトの本編のタイムです。途中を飛ばしてこの3回の bullet を見てみて下さい。特に①と③は時間的に1時間以上離れていますが、直結しています。妹の話を聞いた兄が心配し、義弟にアドバイスするのです。それなのに「刺激的」という表現の字幕が乗ったら、少なくとも脚本家の意図は伝わらないでしょう。

念のため吹替版ではどのように訳されているかディスクを確認したところ、3回とも「銃が懐かしい」という言葉で統一してありました。もちろんこれで問題なく①、②、③が自然につながります。字幕版を見た人は吹替版を見た人より「妹思いの兄」の気持ちが薄まったバージョンを見ていたのです。

さらに今回、この作品を見直した時に気づきましたが、先述の②と③の間に【どうして最上階に?】(言語では:Now, why in the hell would he keep his car in his penthouse?)という字幕がありました。アラブの大富豪が超高級車を高層ビルの最上階に飾っているのですが、それに対して「どうして?」と聞いています。そして他の人物が「金持ちは気まぐれだから」と説明します。この字幕は【どうして】(why)ではなく【車を】(his car)を強調すべきです。字数も減ります。Whyがなくても次の字幕でBecauseがすぐ続くので必要ないのです。【車を最上階に?】の方が困惑して質問している(「why in the hell」の「in the hell」が困惑を表しています)流れが明確になります。

この3回のbulletと最上階の車から、私が感じるのが—翻訳をした人の読み込みの甘さもあるのですが—チェックする側がその役割を十分に果たせていないのではないかという事です。字幕版と吹替版のすり合わせもやらない。劇場公開からソフト化する間にもやらない。その結果、脚本家の意図が薄まる。

劇場公開初日より前、修正できる段階で字幕版と吹替版の原稿を比較していれば、直せた可能性があったのではないでしょうか。これらは文字数の問題ではなく、誤訳だというわけでもありませんが、製作者の意図が無用に薄まって残念です。作品全体のベクトルが分かれば気づく事だったはずです。

同時に、これも仕方ないとも思います。英語が分かる人が字幕を作り、それほど分からない人がチェックする。しっかり分かれば自ら翻訳すればいいけれど、それができないから頼む…。この図式の中ではムリもないかと。それでもとにかく字幕は脚本家の意図を汲んだ脚本訳であるべきで、それぞれのセリフに含まれた情報の優先順位の付け方、取捨選択の仕方、作品全体の中でのそのシークエンスの意味などを全て踏まえて字幕を作るのは当然です。その結果できた字幕をチェックするのであれば、チェックする人の英語力は問われずに済みます。最上階の車の件は「この方が簡潔で強調点がより鮮明になるから、こうしよう」とチェックする立場の人に思いついてもらいたいです。

※この件は2015年4月17日（公開初日）の夕方、余計なお世話とも思いましたが、配給元の知り合いにメールで伝えておきましたが、ソフト化時の修正もなかったようです。

『ワイルド・スピード SKY MISSION』Furious 7 （15・米）ジェームズ・ワン

『ポゼッション』

【狂おしいまでの愛が、異形の怪物を生んだ。】

これはスティングレイ版ＤＶＤリリースのキャッチコピー。

【私は、とり憑かれた女。】

こちらが公開当時のもの。

『ポゼッション★』はポーランド出身の監督がフランスと西ドイツ資本を得てベルリンで撮った作品です。セリフは英語（ごく一部フランス語）。主演は「フランスではその名を知らない人はいない」（知り合いのフランス人談）大女優イザベル・アジャーニ。共演はブレイク前（というか『デッド・カーム／戦慄の航海★』や『ジュラシック・パーク★』で知名度を上げる前）の若きサム・ニール。2人とも全てを脱ぎ捨てての大熱演を見せます。この作品でアジャーニは81年のカンヌ映画祭最優秀主演女優賞とセザールでも最優秀主演女優賞を獲っています。

さて、物語は…。これが語りたくないし、語る自信がありません。その理由は1つ。公開当時の解釈と余りにも違うのです。こうした旧作を翻訳する場合、ネットで情報収集することがありますが、この作品の場合、ほとんどが「すごい気迫」だけど「あれは何なの?」「結局何が言いたいの?」という意見。色々あるのですが、「すごい気迫」は分かるものの「あれは何なの?」に関しては、かなり手掛かりが描かれています。「結局何が言いたいの?」に関しては同感でもありますが、「あれは何なの?」に対する手掛かりがあると、もっと突っ込んだ解釈を観客もできるはず…。

なぜ日本では、この作品が気迫だけのワケが分からない映画として受け止められたのか。カンヌやセザールの選考者は、気迫に押されてワケが分からないまま彼女に賞を贈ったのか…。気になってしまった私は結局、公開時のパンフレットも入手して全部読みました。「あれは何なの?」の解釈をあいまいにしたままの監督論とか女優論が並んでいて、どうも釈然としません。

この作品は解釈を観客に任せる部分が大きく、日本での劇場公開時には見落とされていたポイントが明確になっても、まだまだ他に発見はあるだろうし、色々な解釈ができる部分もたくさんあります。が、分かるところまで分からなくなるようになった話を見て「ワケが分からない」とか「ワケが分からないけど、いい」とか言っても、何か違う気がします。

結局、気になって仕方ないので、以前の字幕版も見直してみました。翻訳を始める前に一度見ましたが、自分で訳し終わった後、どこから印象が変わるのか気になったので、改めて見たのです。

とにかく説明しようとするとネタバレし、それでは作品を見る楽しみを大きく減らしてしまうので、ここでは回りくどい書き方ばかりになりますが、何とかして説明してみます。"HE"は"IT"であり、中盤での"HE"は"not finished"だった。キーワードは「完成」。異形の怪物は完成し、その真の姿を最後に見せる。としか思えないのですが…。

①（中盤のセリフ）
まだ途中なのよ　→　まだ未完成なの
He's still unfinished, you know.

②（終盤のセリフ）

恋人を見せたくて来たの　→　あなたに見せたくて
　　　　　　　　　　　　　　完成したわ

I wanted to show it to you.
It is finished now.

①も②も（話している相手は違いますが）アジャーニのセリフです。上がビデオ版の字幕（書体の感じと乗り具合からしてフィルムの字幕をそのまま使っているようです）。で、下がスティングレイ版DVDの字幕です。過去に、この作品を見たのにワケが分からなかった人は、ここまで読んで「！」と思うかもしれません。ちなみに①の方の〝unfinished〟という表現から性的なニュアンスを感じる可能性はないのか気になったので、これも確認しました。結局、知り合いのアメリカ人は「ない」と断言しました。さらに終盤に〝finished〟があり、呼応するセリフです。その上、「恋人」という言葉は元のセリフにはないニュアンスです。字幕のちょっとした違いで、分かる部分が分かりにくくなる事は多いですが、たいていは話の一部に関してであって、ここまで話全体の印象を変えてしまうのは珍しいと思いますが、とにかく前にこの作品を見たけどワケが分からなかった人は、ぜひお勧めのタイトルです。

とにかく、公開当時に比べると話がとても明快になってしまった（といっても漠然とした話なんですが）ので、自分でも不安になり、フランス語版のスクリプトも訳してみました。それでも結局、今回の字幕に落ち着いたので、たぶん劇場公開当時のキャッチコピー自体、誤解があるのでしょう。彼女は「とり憑かれた」のではなく「生み出した」のですから…。

『ポゼッション』Possession（81・仏／西独）アンジェイ・ズラウスキ
『デッド・カーム／戦慄の航海』Dead Calm（88・豪）フィリップ・ノイス
『ジュラシック・パーク』Jurassic Park（93・米）スティーヴン・スピルバーグ

『ザ・クレイジーズ』

『ザ・クレイジーズ★』は『ナイト・オブ・ザ・リビング・デッド★』や『ゾンビ★』で有名なジョージ・A・ロメロ監督による細菌兵器をめぐるパニックもので、ちょうど、この2作品の中間のような風合いの作品です。「ワクチンを早く作らないと」という話は新型インフルエンザにもダブる話で、テーマは現代にも通じるものがあります。

舞台となるのはペンシルバニア州の架空の町「エボンシティ」。この町の近郊に空軍の輸送機が墜落。この輸送機が運んでいたのが不幸な事に強力な細菌兵器で、エボンシティは軍によって封鎖されます。戒厳令を敷く軍。住民が外部に出て全米に細菌が拡がらないようにと住民狩りが行なわれる——もちろんフィクションですが、未知の病原菌が拡がったら、どのような事態になるのかの一考察として、興味深い仕上がりになっています。

低予算作品なのですが、それが色々な意味でパニック状態の人々をリアルに見せている部分が多々あり、そこが面白いです。病原菌に感染した人が正気を失っているのか。それとも彼らを閉じ込めようとする軍の人たちが正気を失っているのか。『ザ・クレイジーズ』というタイトルには、それを観客に考えさせる意味が込められています。国内に細菌兵器を拡散させてしまうという失態を、どのように収束させるか。そもそも、この細菌兵器は極秘に開発されていたため、その存在を公表せず、どのようにこの町の戒厳令を全米に伝えるか。政府と軍の首脳たちは悩みます。「核爆弾を落とすしかない」「細菌兵器の開発を認めるよりはマシだ」と、例に漏れず核兵器を出してくるのです。そしてエボンシティでは白い防護服姿でガスマスクをした兵士たちが、土足で一般の民家に押し寄せ、略奪行為にも及びます。

実は舞台となる町の名前の判断を最後の最後まで迷いました。最初に「エボンシティ」と書きましたが、ペンシルバニア州には「Evans City」が実在し、この作品のロケもそこで行なわれています。吹替版では、実際に「エバンスシティ」になっています。ただ、ダイアローグリストでは「Ebonn City」になっているのです。このダイアローグリストは映画が完成した後に、そのセリフを聞き起こした原稿ですが、それを作ったのはニューヨークの会社です。実際、素材を見ていてもエバンスシティには聞こえません。Ebonnというスペルは独特だし…。さらに困った事に、本編の映像に「ペンシルバニア州エバンスシティ郵便局」の建物の外壁がしっかり写り込んでいるカットがあります。

さらに「吹替版ではエバンスシティと言っている」と聞き、困りました。結局、英語のセリフが聞こえる字幕版ではダイアローグリストの聞き起こしをした人を信じ、「エボンシティ」にして、英語のセリフが聞こえない日本語吹替版は（画面上にも地名が出てくるし）、「エバンスシティ」でいくという事になりました。最終的な事実は2つ。①スクリプトにはEbonn Cityと何度も出てくる。②Evans City郵便局と書かれた建物の外壁が画面に1回出てくる。

それを踏まえて考えた事は色々。（A）病原菌を扱ったフィクションだから実在の地名に少し手を加えるのは自然だろう。（B）低予算作品だから実在の地名に少し手を加えたのに、実在の地名を特定できる映像が入り込んでもおかしくないだろう。（C）ニューヨークの会社が聞き起こしをしたダイアローグリストなら信頼できるだろう（何度もタイプミスをするわけもなく、意識してEbonnと打っていたはず）。

そしてクライアント側がその後も調べていったところ『海外の書籍などでも当時から舞台は「Evans City」になっている。恐らく80年代にビデオのセールス等を行った会社が海外セールス用に聞き起こしでスクリプトを作って、その際に「Ebonn City」になっただけで、それ以外では「エボンシティ」は一切触れられていない。ちなみにCICビクタービデオのVHSでは「エボン・シティー」。こちらも例の聞き起こしスクリプトを元に作ったのでしょう』という事が分かりました。

そこで私がネイティブのアメリカ人に、この町の名前が出てくるシーンの聞き取りを至急頼んだところ、こういう事になりました。まず「b」ではなく「v」である。ただ「s」は「city」とかぶっているので有るか無いか判別しにくい。この町の名前は何度も出てきますが、それでも微妙という事でした。いずれにせよスペルアウトすると「Evan」までは確かだと言います…。ニューヨークの会社の人！

これで最初の事実2つのうち①は間違いだという事になり、②だけが残りました。フィクションだから町の名前を架空のものにしようとしていて、撮影中にブレがあり「Evan City」と「Evans City」が混在した可能性もありますが、事実②は動きません。結局、先の判断を変え、吹替版も字幕版も「エバンスシティ」に統一という事になりました。

とにかく、今回の件もいい教訓になりました。まず、自分の耳の「b」と「v」の聞き分けが怪しい（大学時代の留学前後に身につけた英語力なので仕方ないわけですが）ので、ダイアローグリストがある場合でも、不安なら聞き取り確認をする。そして、ニューヨークの会社のダイアローグリスト。ここで間違いが1つ入ってしまった結果が20年以上も後になって、こうした問題を生んでしまったわけです。ちなみに、この作品では「ウイルス」という字幕が何度も出てきますが、1箇所だけ「ウィルス」にしてしまっていて、これも幸い修正できました。

『ザ・クレイジーズ』The Crazies（73・米）ジョージ・A・ロメロ
『ナイト・オブ・ザ・リビング・デッド／ゾンビの誕生』Night of the Living Dead（68・米）ジョージ・A・ロメロ
『ゾンビ』Dawn of the Dead（78・米／伊）ジョージ・A・ロメロ

『ナイト・オブ・ザ・リビング・デッド』

ジョージ・A・ロメロ監督の有名な作品です。私は1999年にディレクTVのSFチャンネルで放映されたバージョンを訳しました。

この作品は1980年代にレーザーディスクに対抗して登場したVHDというメディアでリリース（VHSも同時リリース）されたのを最初に、ビデオではカラライズド（白黒作品をカラー化したもの）バージョン、そして1998年には『ナイト・オブ・ザ・リビング・デッド（デジタル修復版）』としてDVD化されています。

SFチャンネルで放映したものも、デジタル修復版だったと思いますが、字幕は全て訳し直しました。字幕の枚数を数えたところ、VHD版は500枚以下、カラライズド版は600枚以上、1998年版は800枚、SFチャンネルでの私のバージョンは900枚以上（かなり記憶が曖昧で、数字は正確ではないです）という感じになりました。

80年代の字幕制作は、フィルムではなくビデオの場合、いわゆる「紙焼き」という、字幕だけ白くて背景全体が黒い写真のような紙を順番通りに並べて、それを1枚1枚撮影し、編集していったため、テキストファイルを編集装置に流し込むような現在の編集と比べると、手間もコストもかかりました。そのため、できるだけ多くの翻訳を1枚の字幕に集約しようとする傾向が強まり、500枚以下になったのでしょう。

いずれにせよ、基本的に同じ作品で、同じ編集をしたものの字幕の枚数がこうも違うのかと、驚いた作品でした。これも字幕翻訳の優劣を付けるとなると主観が入りますが、ビデオレンタル店を何軒か回れば違いをチェックできるでしょう。私のバージョンは残念ながらディレクTVでの放映のみだったので市場には出回っていませんが。

『キャリー2』の夢

『キャリー2★』はDVDのソフト化時（2005年3月発売版）に翻訳しました。字幕翻訳の優劣を語るのは主観的になりがちですが、誤訳となると主観、客観の別なく問題です。この作品もビデオ版の字幕とDVD版の字幕はまるで別物になりました。

何より強烈だったのは、主人公レイチェルが初めてデートした夜の会話です。相手の若者は高校のフットボール部の花形選手。奨学金を受け、大学でもフットボールを続けてプロの選手になる事を夢見ています。

そんな彼がビデオ版の字幕でレイチェルに「将来は作家になりたいんだ」と唐突に言い出します。90分ほどの作品ですが、彼が作家志望である話は他では一度も出ません。それも当然、英語のセリフでは彼はそんな事を一言も言っていないからです。

ビデオ版ではレイチェルがこう続けます。「あなたなら大丈夫。あなたが思い描く通りの人生を生きられるわ。作家にもなれるわよ」

このレイチェルの英語に誤訳のタネが入っていたのでしょう。you can write your own dream とか your own future というようなセリフなのです。

この中の write が、なぜかビデオ版を翻訳した人には「作家になりたい」と訳すべきだと思えてしまったのでしょう。

ビデオ版の翻訳をした人を責める気はありません。私も誤訳をする事があります。思い込みで間違え続ける事は意外に多いのです。

ただ、ストーリーがそれほど複雑ではない90分の作品の中で、まるで脈絡のない情報が入ってくる事は、普通ありません。これはホラー映画ですがフットボールの花形選手である彼が作家志望だと言い出すのは、はっきり言ってシュールです。

要するに、誤訳までは仕方なかったとしても、それをフィルムに焼き、ビデオ化するまで何人の目に触れる機会があったか。それがあったのに、なぜこれだけストーリーから乖離したセリフ（字幕）が生き残ったのか。疑問です。

その答えの1つが、観客の頭は字幕を好意的に受け入れるというものです。

90分の物語が持つ1つの大きな方向性の中でレイチェルの初デートは、その会話の内容ではなく初デートをしたという事が重要だから、観客は「変な情報じゃないか?」と感じるより前に好意的に読み飛ばすのです。しかし観客の好意に甘える事を前提にした字幕はよくないと思います。

いずれにせよ、語学力がなくても「どうもセリフの切れが悪い」とか「話の流れに矛盾を感じる」という場合、それは翻訳に問題がある事が多いです。

『キャリー2』The Rage: Carrie 2 (99・米) カット・シア

『ヘルレイザー4』の神

『ヘルレイザー4★』も2005年3月発売のDVD版で翻訳を担当しました。以前のビデオ版をチェックしたところ誤訳がありました。先ほども書きましたが、劇場公開されソフト化されるまで、どれだけの人が見ていたのか考えると不思議です。

私も翻訳家であり、他の人の仕事にケチを付ける気はないのです。これは同業者を貶めるために書いているのではありません。翻訳上の不備が劇場公開、ソフト化などの時間と手間を経て、何回かあったはずのチェック時に見落とされ、訂正されないような制作プロセスを直したいのです。そうしないと1本1本の作品が可哀相で…。

さて、この作品は18世紀、現代、未来、と時代背景が変化します。明白な間違いは18世紀に起きました。

【今は18世紀　科学の時代なんだ】
【神も否定された】
【神がいないなら天国はない】
【天国がなければ地獄もない】

が正しい訳です。ビデオ版では

【今は18世紀　科学の時代なんだ】
【神を除いてな】

以下は基本的に同じです。
三段論法です。「科学の時代だから神が否定され、神が否定されたから天国はなく、天国がないなら地獄がない」簡単につながります。「今は科学の時代だ。神は別格だけど。天国がないんだから、地獄はない」ではつながりが極めて不自然です。

それでも観客の好意的な思考に助けられ、「地獄はない」というポイントが含まれているため、話は次の場面に繋がり、読み飛ばされたのでしょう。

ちなみに、原語のセリフは「This is 18th century. They got rid of God.」といった感じでした。最初の誤訳が問題ではありますが、それがあり得る事を想定しているからチェックをするのであって、そのチェックを結果として何人がやったのかを考えると、ソフト化されてもこの誤訳が残っていたのが残念です。

『ヘルレイザー4』Hellraiser: Bloodline（96・米）ケヴィン・イエーガー

優しい店長、鬼になる

『エンパイア・レコード』★の一場面です。アルバイトの大学生（女性）に店長が言います。「お前　きょうはもう帰れ」大学生「あら　私はクビ？」店長が答えます「クビにしたい奴は他にいる」ありそうな光景です。優しい店長が様々な問題を1人で抱え、それが彼女に影響しないように配慮している。

ここで「あら　私はクビ？」と言った彼女に、店長が「クビ？　そんな価値もないよ」と言ったらどうでしょう？

この店が舞台になる映画で、主役ではないにしても店長の存在感は大きい。たった1つのセリフですが、優しい店長が鬼店長に早変わりです。

「厳しくも優しい店長」のイメージで描かれる人物が言うには唐突すぎます。「クビにする価値もない」とは、かなり強い人格否定に見えます。「人」に対して「価値がある」か「ない」か、という表現を使う場合、かなり感情的になっているものです。しかし店長は冷静に、サラリと言います。この唐突なセリフは誤訳というべきでしょう。（英語のセリフを直訳すると「クビにするとしても、お前が一番先にはならない」と言っています。）いくら誤訳をゼロにし続けるのが難しいとは言え、「厳しくも優しい店長」のイメージを貫く脚本の中で、余りにも店長らしくないセリフになる事に、なぜ訳者は気づかなかったのか。それが劇場公開され、ビデオ化されるまでのプロセスで、なぜ誰もストーリーの流れに違和感を持たなかったのか…。

『エンパイア・レコード』Empire Records（95・米）アラン・モイル

『バビロン5』

スペースオペラ。日本では『スター・ウォーズ』が決定版で、アメリカでは『スター・トレック★』も人気があり、映画版1作目のアメリカでのオープニングの週末の動員数に関しては『スター・トレック』が圧勝したと記憶しています。テレビシリーズ（日本では『宇宙大作戦』として放映）の根強い人気があったからでしょう。

私の中でのスペースオペラの定義は「人型の悪い宇宙人がたくさん出てきて、正義の地球人が彼らを倒す話」といった感じです。

『スター・トレック』は映画版第1作の成功を受け、何本も劇場版が作られ、『スター・ウォーズ』も本体のシリーズだけで８本。

さて、本題の『バビロン5』は、『新スター・トレック』というテレビシリーズが成功した後に企画が動き出した、1話1時間・全１１０話のテレビシリーズです。

過去のスペースオペラの集大成。最新のＣＧ技術を結集させた作品として第1話から最終話まで、全体のコンセプトを先に完成させた上で撮影に入るといった、こだわりのＳＦテレビシリーズでした。

この『バビロン5』シリーズを日本で最初に放映したのが今はなきＳＦチャンネル。この時に『バビロン5』を翻訳したのですが、残念な事にＳＦチャンネルと版権元との契約の事情で放送は中断し、確か12話までしか翻訳（&放送）していません。

膨大な作業でした。先に書いたように１００話以上のコンセプトができているにも関わらず、翻訳時に入手できた素材は20話ほど。それぞれのエピソードに出てくる「今後の展開への伏線」が謎のままでの翻訳です。

その意味で、納得いく字幕にならなかった部分も少なくありませんでした。

その後、このシリーズは私の担当ではありませんがスーパーチャンネルで吹替版が作られ、さらにＤＶＤ版が発売されました。これを手に入れ、ＤＩＳＣ１をプレーヤーに入れて第１話を見て、冒頭からびっくりしました。１枚目の字幕は「報告は以上です」。１１０時間もの壮大な物語の最初のセリフが誤訳です。（訳自体は新訳のようです）私は自分の訳を過去のデータから捜し出しました。「警備主任アイラだ」でした。

ＤＶＤの英語字幕で確認できますが、「Watch CMdr. Ayla reporting for duty.」というセリフです。警備主任という肩書きは異論の余地があると思います。偉そうではない感じの宇宙人が言っていたので、私は「主任」と訳しました。

ここではひとまず誤訳の問題を話します。「reporting for duty」というのは軍隊でよく聞きますが「着任します」とか、一般でも「出勤しました」と、「報告」する普通の表現です。

物語のオープニング（それも１１０時間のドラマの最初）だから「着任」から入るのです。字数的に入りきらなかったので、「着任」を表現するのは私にもムリでしたが、私の２枚目の字幕は「交替する」（ＤＶＤ版でも２枚目は似たようなものです）にして、「アイラという宇宙人が出勤し、前任者と交替する」展開を字幕にしました。

それがＤＶＤでは「報告は以上です」…。誰も何も報告していません。冒頭です。

悩みました。「彼らは何のために字幕を作り直したんだろう…」

わざわざ新訳を作りながら1枚目から誤訳。110時間のシリーズをシーズン5（1シーズン22話）まで全部買おうと思ってくれるファンが1話目の冒頭から「誤訳じゃん」と思ったら…。悲しい話です。

ここでも、この訳を作った人を責める気はありません。誤訳したのが一番の問題ではありますが、DVDの字幕制作担当者のミスです。チェック時に「変だ」と思わなかった事と、1枚目から誤訳してしまう翻訳者を選んだという二重の意味で。

この場合、「時間がない」「予算がない」というのも言い訳にしにくいです。それはテレビ放映時の字幕が、ここに存在しているためです。それを叩き台にして110時間全体の伏線を踏まえて新訳を作る方が、当然効率的です。ただ、110時間とはいえ1本の作品です。途中までしか見ない状態で翻訳した私の字幕には、残念ながら不備もあったはずなので、新訳を作る事に問題はないと思っていますが。

今、自分のデータを見直して思い出しましたが、私の訳では「タイググリス地域」という誤訳がパイロット版にあります。英語の発音通りにカタカナにしたのですが、これは「チグリス地域」の間違いでした。（SFチャンネル放映版の話です。）今回のDVDシーズン1にはパイロット版が入っていないようなので、今後、パイロット版をDVD化する時は「チグリス地域」を「タイグリス地域」に間違えないようにして欲しいものです。思わず間違えるタイプの地名です。

それにしてもタイトルが『バビロン5』なのに…。チグリス川とユーフラテス川の間に栄えたメソポタミア文明の都市バビロン…。不覚でした…。ファンの方、申し訳ありません。

ネガティブな話を書くのは私自身、愉快ではありませんが、こうした問題を放置しておくと「日本語字幕」の質はどんどん落ちます。本当に考えてしまいます。字幕の不備に文句を付けるのが好きな人なんて、絶対いません。「この訳はヘンだ」「素人が訳してる」「作品への愛情が翻訳者にない」と感じてしまった後、その作品を楽しめなくなった人がいたら、それは映画という「産業」の罪だと思います。


『スター・トレック』Star Trek: The Motion Picture（79・米）ロバート・ワイズ

『オルカ』

シャチの話です。タイトルのオルカはジョーズも食べちゃうシャチの名前。このシャチを主題とする映画『オルカ★』は1977年12月、新春の大作として公開されました。

動物パニックもののエポックとなった『ジョーズ★』とは違い、オルカは特定の人間を狙う復讐者です。海面下の殺し屋というより、家族を大切にする愛情深い生き物として描かれます。製作はイタリアの大物プロデューサー、ディノ・デ・ラウレンティス。エンニオ・モリコーネの哀愁漂う音楽がムードを高めます。多くの点でジョーズとは違った趣の作品です。むしろ、この作品は『ジョーズ』よりも『白鯨★』に近い「人間対海の哺乳類の対決」です。主人公を憎むシャチ、白鯨を憎む主人公…。

この作品は2009年に訳したものですが、その時、公開当時のパンフレットとチラシを引っ張り出して読んでいたら、こんな文章が…。まずパンフレットから。

■解　説■『オルカ』から『スターウォーズ』まで新時代を築く《スパック・ロマン》がやってきました。(中略)それは「スパック(S・P・A・C)」と呼ばれる新しい映画作りへの流れです。(中略)《SCIENTIFIC PANIC ADVENTUROUS CINEMA》(サイエンティフィック・パニック・アドベンチャラス・シネマ)の登場です。(パンフレット4ページ目から引用)

でもチラシの表には「耳を澄ましてごらん。海鳴りが『スパック』と囁くのが聞こえる。』と書きつつ、左上には

Science
Panic
Adventure
Cinema

と書いてあり、さらに上部中央には「手に汗にぎって　涙を流し、おまけにちょっぴり考えさせられ

る…　スパックロマンがやってくる」と書いてあります。スパックロマンという造語には2種類の意味があるようです。

それから「果てしない大海原…そこにはまだ人間の知らない巨大なドラマが待っている！」という言葉もあり、『ジョーズ』を意識している部分と、新しいジャンルを売り出そうとする姿勢の混在が微妙に面白いチラシです。

さらに余談ですが『オルカ』のチラシのＴＯＷＡのロゴの上には「青年よ 映画に帰れ！」という言葉があります。考えてみると、当時すでに観客動員数はどんどん減っていて、映画は斜陽産業でした。それと「製作費１２００万ドル（約36億円）！」とチラシにありますが、１ドル３００円の時代だったんですね。

ここからが本題です。まず、この作品の最大の主役はシャチ（オス）です。人間の主役はリチャード・ハリス（当時47歳）とシャーロット・ランプリング（当時31歳）。リチャード・ハリスは頑固な船長ノーラン役で、シャーロット・ランプリングは知的な海洋学者レイチェルを演じます。この2人の関係も微妙に面白いものがあります。

この作品の字幕を作る時、以前ビデオ版で発売されていたソフトを見たのですが、ノーランとレイチェルがライバル的な関係に見えました。レイチェルはノーランを見下しているだけの印象が残ります。しかし脚本家の意図としてはレイチェルがノーランを見下すような言動をするのは、ノーランがスケベオヤジ的な言動をする場合に限り、普段は対等というかノーランを尊敬しているくらいなのです。

細かい話なので分かりにくいのですが、いくつか例を挙げて説明してみます。（VがビデオⅤ版の字幕でDがDVD版の字幕です。）

（例1）

ノーラン船長：

（V）君はテープレコーダー相手に／テントで寝る女さ

（D）テープレコーダーを抱えて／テントで寝て 寂しくないか

No, but I'll tell you this…

You're one hell of a girl to be living in a tent, sleeping with a tape recorder.

Vだとレイチェルはガチガチの学者という印象。「相手に」と「寝る」でスケベオヤジ的な印象を感じる可能性はありますが、私は「抱えて」「寝て」「寂しい」にしました。

（例2）

レイチェル：

（V）ライオンを／檻で飼うより残酷だわ

（D）ライオンを オリに／入れるより残酷だわ
It's much crueler than putting a lion in a cage.
It's hardly something to screw around with.

ノーラン船長：
（V）俺を相手にするなよ
（D）忠告だけ親切なのも残酷だ
Well now, that's a very dangerous word to use around a fellow like me.

（V）後悔するぞ
（D）俺に気があるのか？
I mean I might get a notion or two.

オルカを生け捕りにしようとしているノーランとレイチェルの会話です。screw という単語は「突っ込む」という意味で f**k に近い表現です。「俺みたいな奴の近くで使うには危険な言葉だ」というのがノーランの答えの直訳です。いっその事、レイチェルのセリフを「ライオンをオリに突っ込むより残酷だわ」

にしたいくらいでしたが、レイチェルがここで急に乱暴な言い方をしているわけではない（選んだ単語が粗野な表現を連想させただけ）ので、「入れる」にして、この次の字幕で「残酷」を受けて使うように調整してみました。（「入れる」に傍点を付けるというワザもありますが、くどい気がするのでやめました。）「俺に気があるのか？」は意訳です。直訳すると「（突っ込むなんて言葉を聞くと）1つや2つ、連想するものがある」です。

また、こんな例もあります。

（例3）

レイチェル：

（V）何するか見たかったの

（D）材料は私のキャンプ用品ね

I couldn't resist seeing what you wanted my camping gear for.

これはノーラン船長が「シャチを脅かすためにカカシを作った」みたいなシチュエーションでの台詞です。直訳すると「あなたが何のために私のキャンプ用品を必要としていたのか、見に来ないわけにいかなかったの」です。ノーランがレイチェルにキャンプ用品を借りに行く部分は描かれていません。映像では描かれていない行間を出すセリフです。そのためには「私のキャンプ用品で」「何するか見たかったの」の「私のキャンプ用品で」の方を省略しない方がいいと考えました。

こうした会話の積み重ねから、キスも抱擁もないのに、2人はそれなりに親密な関係である事、少なくとも映像から得られる情報以上に親密である事が伏線として描き込まれていくわけです。終盤でレイチェルは「温めてあげる」と言って、ノーランと添い寝する事を暗示するセリフがありますが、少なくとも2人はそういう距離感であり、ノーランもレイチェルもライバル意識は持っていません。

どの訳が一番いいというわけではありません。こうして分析的にセリフを読み解いていくと、落とせない情報の取捨選択の基準が変わり、様々な訳し方がある事に気づくでしょう。

『オルカ』Orca（77・米／伊）マイケル・アンダーソン
『ジョーズ』Jaws（75・米）スティーヴン・スピルバーグ
『白鯨』Moby Dick（56・米）ジョン・ヒューストン

『ホフマン物語』

オペラとバレエの融合。背伸びをする気はないので『ホフマン物語★』の解説は控えます。ただ翻訳時、注意したのは「歌う字幕」を減らすという事でした。字幕は1030枚ほどありましたが、前にも書いた「千鳥」の字幕はゼロ（だと記憶しています。あっても数枚でした）。登場人物を説明する本編内の英語のテロップの翻訳字幕は2行になりましたが、いわゆる「中央揃え」で「千鳥」は避けて訳を作りました。

というのも、この映画はほぼ全ての字幕が歌なので、「字幕」の本来の存在意義である「黒子」に徹するなら、「千鳥」だらけにするよりも、できる限り1行の字幕にする方がよいと考えたためです。結果的に2行にする必要のある箇所が少なく、ほぼ全てを1行に収める事ができました（もちろん必要なら2行にして「千鳥」で出すつもりでしたが）。

１０００枚以上字幕があるのに、２行のものがないという意味では、少しユニークな翻訳字幕になっています。ちなみにこの作品は、オペラやバレエの世界では有名な作品なので、役名などは専門家にチェックしてもらって字幕を完成させています。とても小規模な公開で、字幕制作の予算も少なかったですが、納得のいく字幕に仕上がりました。この作品では２００１年の劇場公開版とＤＶＤ版の字幕を担当しました。

原作とも言えるオッフェンバック版が舞台で初演されたのは１８８０年（明治13年）だそうです。その映像化がこの映画なのですが、19世紀の舞台がいかに華やかだったかを想像してみると途方もない気分になりました。「頭で想像できる物で、映像にできない物はない」と誰かが言っていた気がしますが、確かに今はそういう時代です。インターネット、ＣＧ、人工衛星…。それどころか、電話や電気すらなかった時代にも、人には想像力があったんだと、幻想的な空気を持ったこの作品を翻訳していてずっと思っていました。字幕翻訳をすると同じ作品を少なくとも何回か見ますが、これは何回もゆっくり見られて幸運でした。

『ホフマン物語』The Tales of Hoffmann（51・英）マイケル・パウエル

『戦艦シュペー号の最後』

『ホフマン物語』、『血を吸うカメラ★』に続く、マイケル・パウエル（とエメリック・プレスバーガーの共同）監督作品です。この『戦艦シュペー号の最後★』は最新リリース版が私の作った字幕です。以前、東北新社からリリースされていたＤＶＤソフトがあり、今回のリリースでも旧版の字幕を使う予定でした。しかし最終的には全面リニューアル版になりました。

そうなった理由としては、まず、軍隊の上下関係にメリハリを付け直す事。そして戦艦名のカタカナ表記の修正。それから人名表記。と、修正していくうちに全体的に新訳になってしまったわけです。

変更点を何点か書き出しておきます。

まず冒頭の英文テロップに対する字幕が

旧版では

この映画の製作にあたり
多くの人々の協力を頂いた

特に次の方々には　名を
挙げて感謝の意を表したい

の2枚でした。

新訳では

映画製作には多くの人の
協力が不可欠だが――

本作は特に多くの人達の
協力を得て完成した

全員に謝意を表するには

本編以上の時間がかかる

しかし次の人々には特に

謝意を表したい

の４枚になりました。（全体として20秒ほど表示できるので、４枚になってもムリなく読めます。）

次に艦船名の表記の変更（上が新訳・カッコ内が旧訳）

エイジャックス（エジャックス）

エクセター（エクシター）

アドミラル・シェーア（アドミラル・シーア）

ドイッチェラント（ドイッチェランド）

アルトマルク（アルトマーク）

商船タコマ（商船）

これは主観の判断もあり、新訳もウィキペディアにある表記とは違います。

以下は表記は１種類ですが、字幕として表示される回数が変わりました。

アシュリー（0↓2）
タイロア（0↓2）
ニュートン・ビーチ（1↓3）
ハンツマン（1↓3）
トレバニオン（2↓5）
ドリック・スター（3↓4）
アキリーズ（8↓11）
アフリカ・シェル（8↓10）
カンバーランド（5↓5）
クレメント（3↓2）

ほとんどが艦船の名前です。これは事実に基づいた映画で、人名も多く出てきます。捕虜となりドイツの戦艦に収容される連合国側の兵士たちが多いのですが、彼らは「どの船に乗っていた誰々」と自己紹介する事が多く、それを活かせたので、活かしました。

そして語句の修正。

「救護班　ブリッジに」↓「救護班　艦橋に」

「デッキに火災が」↓「甲板に火災が」

「B隊は？」↓「B班は？」

「船尾司令塔を見てくる」↓「後部指揮所を見てくる」

「副長を船尾に」↓「副長を艦尾に」

「全速を出せ」↓「最大戦速だ」

「徹底砲撃だ」↓「砲撃を絶やすな」

「弾薬用昇降機から火が」↓「揚弾筒から火が」

「船尾を向けろ」↓「艦尾を向けろ」

この部分は私自身、最初から意識できるのは「船」と「艦」、「ブリッジ」と「デッキ」程度なので、詳しい人に監修してもらいました。専門用語が多いと何でも難しい表現になるかというと、そうでもないものです。

それから人名ではラジオのアナウンサーと商船の船長。（旧↓新）
マイク（3回）↓マイク・ファウラー（マイク＝7回＋マイク・ファウラー＝5回）
ドーブ船長↓ダブ船長（Captain Dove）
最後に、戦艦シュペーの動きをラジオ中継するアナウンサー、ファウラーの言葉。

（旧版）
モンテビデオから
お送りしてます

戦艦シュペー　停泊延長許可
との噂もあります

（中略）

街中の一人残らずが
戦いを見んと
海辺のリングサイドへ
浜辺も屋根の上も
観客でびっしりです

（新版）
モンテビデオの
マイク・ファウラーです

シュペーは停泊延長を
認められたのでしょうか

全市民が――

海辺のリングサイドに
集まったようです
浜辺も屋根の上も
群衆でびっしりです

（中略）

不気味だ　何が始まるのか

夕陽をあびて
ランチが戦艦を離れ

商船へ向かっています

人がいっぱい乗ってる

動きは逐一追えるが
何が起こるかは分かりません

戦艦が止まりました　不気味です

夕陽を浴びて
ランチが戦艦を離れ

タコマに向かいます

人が大勢乗っています

動きは見えますが
この先は分かりません

マイク・ファウラーはアメリカのラジオ局の特派員。テレビ中継がなかった時代に「現場からマイク・ファウラーがお送りします」的なラジオ中継をしている状態ですし、さすがに港に集まった群衆を「観客」にすると、ちょっとマズいです（「見物人」ならよかったのに）。いずれにせよ、何となく「リングサイド」の中継色が強かったので、アナウンサーによる中継ふうに微調整しました。

そして最後の最後（に近い部分）の1枚です。

（旧版）
1939年12月17日 日曜日
夜9時39分

（新版）
1939年12月17日
日曜日の夜遅く

これは1939年の数字が転移して時間に変化してしまったようです。原語を聞く限り、「夜9時39分」という情報はどこにもありませんでした。

この作品の場合、最初から旧版の字幕を使い回すという前提だったので、旧字幕のデータを作ってあったため比較が楽で、こうして書き出してみました。

とにかく字幕翻訳というのは減点評価をされやすいものです。それ自体は仕方ない事なのですが、「評価」をする側も、減点したくてしているわけではないはずです。建設的な議論をする場合も「字幕には文字数の制限があってね」から始めないと会話にならない状態で話すより、「こういう場合はこういう例がある」とか「こういう場合は要注意」みたいなデータがあればあるほど字幕の質が上がると思います。

『血を吸うカメラ』Peeping Tom（60・英）マイケル・パウエル
『戦艦シュペー号の最後』The Battle of the River Plate（56・英）マイケル・パウエル

『ＸＹＺマーダーズ』とキューブリック監督

『スパイダーマン』シリーズのサム・ライミ監督の2作目。脚本は彼とコーエン兄弟。カッ飛ばしてくれます。『ＸＹＺマーダーズ』のソフトですが、ＤＶＤの発売時に制作会社が倒産した結果、ネガが行方不明になっていました。ネガが行方不明というのはかなり深刻ですが、とにかくソフト化できた事は、やはり歓迎すべき事でしょう（本作はめでたく２０１８年1月に全長版のブルーレイが発売になりました）。

作品としてはホラーチックなスクリューボールコメディとでもいうか、展開がハチャメチャで奇想天外な物語です。それを楽しく見られるのは、細かく書き込まれた脚本があってこそです。

例えば死刑直前の主人公が無実を訴え、事件当夜の回想に場面転換する彼のセリフ。２枚の字幕です。

A案とB案を比較してみて下さい。

●A案1枚目3秒07フレーム
ぼくは犯行の行われた夜
(11文字)
●A案2枚目3秒16フレーム
トレンド夫妻のアパートで
働いてた
(16文字)
●B案1枚目
事件があった日
僕は通りの向かいで
(16文字)
●B案2枚目
夫妻の家に
監視カメラを設置してた
(16文字)

まず「場所」と「位置関係」を見ていくと、A案では「トレンド夫妻のアパート」が場所として出てきます。B案では「夫妻の家」があり、さらに「通りの向かい」に何かがある事を伝えるので、その「何か」と「夫妻の家」の位置関係も伝えています。それから、この作品には「夫妻」は1組しか出てこないので、ここでは名字は省略しても大丈夫です。むしろ、トレンド夫妻のアパートに文字数を費やすより、位置関係を入れる方が情報が濃くなります。

次に「時間」です。A案では「犯行の行われた夜」、B案では「事件があった日」になります。

さらに「主人公の行動」です。A案では「働いてた」。B案では「監視カメラを設置してた」になります。この作品は凶悪な連続殺人が起きた夜を、主人公が回想として語っていく形で展開します。舞台の多くは「夫妻が住むアパート」周辺。「通りの向かい」には主人公が勤める警備会社があります。B案で出てくる「通りの向こう」の「何か」は、彼が勤める事務所ですが、それはこの作品を見る人なら自然に分かるようになってはいます。でも、セリフとしてもその位置関係を明確にするというのが演出なり脚本の意図でしょう。

さらに「時間」ですが、主人公は「夜」は働いていません。日中は「監視カメラを夫妻の家に設置」したりして働いていますが、夜は凶悪犯たちと戦うハメになるためです。この「夜」が、この時点で気になってしまう観客はいないでしょうが、作品の展開とセリフが矛盾する事になります。それこそ、この作品を批評する人が、「脚本のアラもある」という印象を持ち、「未熟な脚本」と書く可能性も出てきます。原語で見たら存在しない「アラ」が字幕で生まれます。（「夜」と「日」に相当する英語は「the whole time」で、昼でも夜でもない時間です。）

そして「主人公の行動」ですが、A案では「働いてた」だけです。B案では「監視カメラを設置してた」事まで分かります。この監視カメラは重要な小道具ではありませんが、作品の中で、扉の前に立つ凶悪犯を見る等、何度かトレンド夫人が活用します。その上、これが重要な点ですが、この2枚のセリフを処刑目前の主人公が刑務所で言った次の映像が、監視カメラのアップに移るのです。

映像の編集をする時、より自然な場面転換を意識するのは普通ですが、その時、セリフによって次の場面に移らせるという事もよくあります。この「監視カメラの設置」は、場面転換の道具なのです。シーンとシーンをつなぐジョイントです。細かく説明すると、①刑務所でこの2枚のセリフを言う囚人服姿の主人公。②夫妻のアパート前の廊下の天井に設置された監視カメラのアップ。③そのカメラを見上げ、カメラに向かって笑顔を見せる警備員姿の主人公。になります。

ちなみにB案では原語のセリフに盛り込まれた情報の大半を字幕にしていて、A案はそうなっていません。文字数としてはA案の方が少しゆったりしていますし、主人公の幼さというか若い感じも出ていると思います。

とにかく、どれか1つでも情報を落としてよければ字幕にするのは簡単なのです。しかし脚本がガッチリ組まれているので、残念ながらそうはいきません（それでも「アパート」を「家」にしたり、文字数は減らしていたりします）。

ここでジレンマが生まれます。情報を1つか2つ落としてしまって文字数を減らし、雰囲気でストーリーが分かるようにするか、少し読むのが大変でも原語の情報を全て観客に伝えるか。

このジレンマは字幕翻訳をしていて常に付きまとうものですが、答えは常に1つ。原語の情報をできるだけ多く伝えるために字幕はあるのです。登場人物の個性を出す言い回しを考えるのは二の次。必要な情報を伝えた上で余力がある場合に加える付録です。

脚本が有機的に書き込まれている作品の場合、余力はほとんどなくなりますが、脚本自体のよさが伝われば、結果的によりオリジナルに近い作品鑑賞になります。

この理屈を実践するのは大変ですが、洋画離れ、字幕離れが進んでいる今、考えるべき事の1つだと思います。

字幕を読むのは面倒で疲れるというのはあるでしょう。読んでいる事を意識させない字幕を目指しても、やはり読むのは面倒です。それなら、せめて面倒な事をした、疲れる事をしただけの価値のある情報を伝えるべきです。面倒で疲れるのに中途半端な情報しか入ってこないのでは、字幕の立場は弱くなってしまうと思うのです。

とにかく、字幕には作品の雰囲気を出すとか、主人公の優しい感じを出すとか、性格を伝えるという機能はあるものの、それはあくまで原語の情報をできるだけ伝えた上での話です。情報を落としまくって雰囲気を出すと、編集意図が伝わらず、挙句の果てには作品として話がつながりにくいという印象まで与える事になります。

そういう字幕で作品を公開していると、その作品は監督の意図から離れてしまう結果になりかねません。字幕なしの完成版と字幕が付いた完成版の印象が変わってしまうのでは、監督やプロデューサーより字幕翻訳家の方が偉いというか、重要な存在になってしまいます。

スタンリー・キューブリック監督は1956年にドイツで『八月十五夜の茶屋★』というマーロン・ブランド主演の映画を見ました。その時、最後のブランドのセリフを訳したドイツ語字幕が元の英語のセリフのメッセージを上手く伝えていないと感じ、「自分の作品を海外で上映する時は各国の字幕がしっかり訳せているのか確認する事が大切だ」と感じたそうです。この『八月十五夜の茶屋』は1946年の米軍占領下の沖縄を舞台にしたコメディで、マーロン・ブランドが日本人役を熱演し、京マチ子さんが共演した楽しい作品です。この作品は琉球大学の研究者の依頼で翻訳し直したのですが、以前VHS版に付いていたブランドの最後のセリフは上手く訳せていませんでした。

余談ですが、この作品でマーロン・ブランドが演じる日本人の役名はサキニ（Sakini）です。『八月十五夜の茶屋』は元はブロードウェイの舞台で上演されヒットした作品です。原作もあります。原作でも舞台でも映画でも全て主人公はサキニなのですが、私はこの人物の実際の名前はセキネではないかと思っています。英語を母語にしている人が日本語を聞いてローマ字にした時、誤変換が発生する事がありますが、Sekineとするべき音がSakiniになったのだと…。

いずれにせよ「ジョイント」としての機能がゆるんでいる字幕はできるだけ減らしたいと思います。

『八月十五夜の茶屋』The Teahouse of the August Moon（56・米）ダニエル・マン

翻訳するとドウカする『怪物の花嫁』

ドウカ＝同化です。翻訳している時、その言葉を発している人に私は同化します。思い込みではありますが、同化します。音楽ならアーティストに、映画などの物語の場合は作者というか監督や脚本家や俳優に、です。

いわゆるバリバリのB級作品でも、必死に撮影し、何とか編集し、映画になる。『怪物の花嫁★』をSFチャンネル放映時に翻訳した時、エド・ウッド監督の事はティム・バートン監督の映画『エド・ウッド★』で知っていました。その中で『怪物の花嫁』の撮影の様子が再現されていて「まさか、この本編を担当する事になるとは！」と思いつつ翻訳しました。

そういえば『死霊の盆踊り★』が日本公開されてしまった時、ビデオで見ましたが、あれも壮絶な作品でした。友人と2人で夜中過ぎに見ていたのですが、30分くらいしたところから話が動かなくなり、退屈したのでラーメンを食べに外出しました。ビデオを止めず。それから30分ほどでラーメンを食べ終えて部屋へ戻ると、まだ話が進んでいません。高速で巻き戻しながら、その30分を見たのですが、下着姿の女性たち（＝死霊）がフラフラ踊っているだけでした。

話は『怪物の花嫁』に戻ります。感情的な演技（のつもり）で、「！」を付けるべきかどうかも吟味します。「ここは表情が豊かで映像からも『！』は分かるし、声も大きいから『！』がなくても『！』は伝わる。

だから『！』は付けない」とか「ここは表情が見えにくく、声も小さいけど『！』が必要なくらいの叫びだから、付けよう」とか。

ベラ・ルゴシ。好きです。『魔人ドラキュラ★』で身に付けてしまった芸風で俳優人生を生き抜いた名優です。彼が出てくるだけで怪しい。『怪物の花嫁』の場合、監督も怪しいので、素晴らしく怪しい話になっていました。

『デビル・バット★』というベラ・ルゴシの主演作も訳しましたが、この頃はまさにドラキュラ伯爵そのもののような演技と風貌。しかし、これもまたB級。天井からぶら下がるデビル・バットがローストチキンのようで…。

でも皆、真剣なんです。商業映画は遊びでは撮れません。いくらB級と呼ばれても皆、「傑作にするんだ」という熱意がある。（様々な事情で「やっつけ」仕事をする事になっても、「その条件の中で、何とかマシな作品にしよう」と考えるわけだし。）そうすると翻訳している私もドウカして同化します。そうでもしないと、話が分からなくなる事も多いし、何とかして話に入り込まないと、余計に大変なんです。

何かのコマーシャルではありませんが「何も引かない、何も足さない。」字幕の理想もそこにあります。何も引かず、何も足さず、ただスタッフとキャストの熱意が伝わる字幕にする事…。B級映画って、熱意だけはよく見える作品が多くて、結局ドウカしてる間に好きになってしまうものです。

『怪物の花嫁』Bride of the Monster（55・米）エドワード・D・ウッド・Jr
『エド・ウッド』Ed Wood（94・米）ティム・バートン
『死霊の盆踊り』Orgy of the Dead（65・米）A・C・スティーヴン
『魔人ドラキュラ』Dracula（31・米）トッド・ブラウニング
『デビル・バット』The Devil Bat（40・米）ジーン・ヤーブロー

臨戦態勢の床掃除　破壊力抜群の『マニトウ』

『マニトウ★』という作品のビデオ版で見た字幕です。状況を説明すると、場所は都会の大病院のとあるフロア。不穏な事件が発生しています。この危機と闘う男が呼ばれました。彼に助けを求めたのは医師。事態が悪化し、助けを求めた医師が男に言います。

医師【あんたの講釈は聞き飽きた　警察を呼ぶ】
男【それはマズい　警察が来ると事態はさらに悪化する】
医師【あんたは頼りにならない】
男【俺を雇ったからには協力しろ】（A）
男【床の掃除からだ】（B）
医師【手術室の階だ　患者はいない】

男【ならいい】

緊張が高まっているところです。なぜ急に床の掃除をするのでしょうか?
（B）は誤訳です。
（A）と（B）2つのセリフの英語はこうです。

Now, you hired me to do a job, why don't you run with me?（A）
The first thing you can do is clear this floor.（B）

（B）は「この階を無人にしろ」が正解です。
緊張が高まっているところで観客の頭は「?」になるか、ズッコケるかどっちかですが、観客は好意的に字幕を読み飛ばしてくれます。おおらかな時代だったわけです。

さらにクライマックスの直前、思い切り緊張すべき局面でも

男【動力室を整頓しろ】
男【床の掃除と患者を避難だ】
なんて言ってます。整頓も掃除も避難も「clear」です。これでは緊張が爆笑に変わります。めでた

しめでたし…。私もどんな誤訳をしているか分かったものではないですが。

『マニトウ』The Manitou（77・米）ウィリアム・ガードラー

『チャック&バック』誤訳の告白

私はアルコールが体質的に苦手です。『チャック&バック★』という作品の中で主人公がラムコークを注文するシーンがありました。英語の原稿にもラムコークとありました。それを私はレモンコークという飲み物を発明し、字幕をフィルムに焼き込みました。

もちろん、わざと発明したわけではありません。誤訳です。配給会社の担当者は私の原稿を丁寧にチェックしてくれる人でした。私が気づいていなかったニュアンスのズレにも気づき、全体で10箇所ほどはフィルムに焼き付ける前に修正もしました。

初号試写。私も立ち会いました。試写終了。私「大丈夫ですね」すると何という事でしょう。同席していた担当者の同僚が「落合さん、レモンコーク」私「は?」それでも分かりません。「ラムコークですよ」「え?」「レモンじゃなくてラム」「あら〜」

そこで担当者と私は相談し、公開まで時間はあったので該当部分の1リールをアメリカから取り寄せ直して、字幕を付け直そうという事になりました。

正確には覚えていませんが、10万から15万円くらいかかります。責任は担当者と私に半分ずつあると、お互い快く話し合い、結局、ヘザーと日本ビクターで折半しました。

誤訳って怖いです…。思い込みって怖いです…。

もちろん1リール取り寄せ直さなくても、1文字だけ入れ直すような事は可能ではあります。見た事がある人もいるかもしれませんが、手書き字幕で1文字だけ妙に目立つ文字があるとか、引っ掻き傷のような白い線が文字の周りに見えるとか。それは文字を修正した跡です。そうした修正が可能な場合もありますが、この時はレーザーで丸ゴシックの書体で字幕を焼いていて、さらに「ラム」と「レモン」では文字数自体が違うので、どう手を加えても目立ちすぎたのです。

私も誤訳を知りつつ、そのままで公開したくない…。そこで「半額うちで出すから取り寄せ直して修正しましょう」と言ったのです。

半額出すと翻訳料が半分になる…。こうした作品の場合、泣きっ面にハチなんです。単館公開だとプリントは1本だから…100館公開だと初号の後、焼き直ししてもこのケースなら修正コストは100分の1でしょ…（泣）。

こうして誤訳や誤植のない仕事を心に誓うのです。

（『チャック&バック』のDVD版も当然、ラムコークに直っています。）

地面が揺れ始めてからじゃ遅いぞ、逃げろ

ここでは私の残念な訳を紹介します。１９９２年にリリースされた『Quake City』というＣＤの対訳です。これは映画ではなく音楽で、字幕翻訳ではないのですが、興味深い話だと思います。

曲はアルバムのタイトル曲『クエイク・シティー』で、まず対訳だけ書きます。

誰もがマシな生活を望んでる
時間をムダにするな　待ちぼうけを喰らうぞ
そこら中に書いてある
〝何でも手に入れられる〟と書いてある
飛び出して　楽しむんだ

電話番号を聞き

誰もが　いい暮らしを望んでる
時間をムダにするな　列に並ぶのもムダ
街中の看板は　どれも勧誘ばかり
〝何でも手に入る〟だ
その言葉に従って楽しむといい

番号札を引いたり

メッセージを残し
死ぬまで電話に　しがみ付いてる
〝少々お待ちください〟
〝誰につなぎましょうか？〟
〝引き続き　ご覧の〟
〝チャンネルをどうぞ〟

稼いだ金を
チャンスにかけるんだ
無意味になっちまうぜ
大地が揺れ出したら
思う存分　楽しむんだ
ただ　何をするにも真剣に
地震の街では　いつ最後が来るか知れない

メッセージを残したり
一生　問い合わせの電話をかけて
〝少々お待ちください〟
誰を待ってるんだ？
CMだらけのテレビも
気にせず見続ける

金を稼ぐのはいいけど
ただ蓄えるだけでいいのか？
無意味になっちまうぜ
大地が揺れ出したら
死ぬほど楽しみ続けて
ひと息入れる
地震の街では　そのひと息が最後かも

上が当時の私の対訳で下が現在の私の試訳です。続きもありますがここでは省略します。これを1行ごとに見た場合、上の訳でも特に誤訳はありません。しかし19行全体が持つベクトル、方向性を理解した上で訳すと下になります。１９９２年当時、私はカセットテープで曲を聴きながら訳しました。曲のメッセージも分かっていたのに、全体の部品としての各行の意味を捉えきれていません。今回の試訳は２０１４年に制作された、この曲のミュージックビデオをＹｏｕＴｕｂｅで見て訳したものです。正直言って、試訳でも訳として十分ではないと思います。ＣＭだらけ云々あたりが、部品として上手くつながっていません。それでも曲の方向性がより明確に分かると思います。

映画の字幕（＝セリフ）も、作品全体の中で、それぞれに意味があります。細かい意味で全てに伏線があるというか、全てが有機的に配置されています。１行ごとに訳すのはもちろんなのですが、同時に全体の中の１つの部品として、どんな役割があるのかを理解して訳さないといけない事が分かると思います。

字幕 作っちゃう事はないの？

★おことわり：これは個人的な経験を書いているものです。★

「お前！」と怒る気持ちは分かりますが、日本語字幕を自分で作ってしまう事もあります。作るのは音が聞き取りにくい上に情報不足の場合です。

いくつかのパターンで説明しましょう。

（1）パブリックドメインになっているような古い映画で音の状態が悪いもの
『ロスト・シティ 失われた秘密都市』（City of Lost Men 1935）
『名探偵ブレイク 殺人光線を追え！』（Blake of Scotland Yard 1937）

のような作品です。昭和10年と昭和12年の作品ですから「残っていただけで立派」なものです。どちらも昔、ＳＦチャンネルでの放映用に訳したもので、素材を聞き取りセリフを書き出した原稿（ダイアローグリスト）は作られていましたが、「聞き取り困難」の部分が多かったです。断片的に聞き取れる情報と話の流れから、話が通じるように字幕を作った部分がありました。ただ、私が訳したのも20年以上前で、その後ＤＶＤなどで新規に発売されている様子からすると、音質がマシな素材も見つかっているのかもしれません。

（2）１９６０年代前後に記録されたジャズの名演奏の合間の会話

曲紹介やメンバー紹介などは、たいてい問題なく聞き取れるのですが、元からマイクに向かって話していないような、中途半端な会話が問題です。メンバーにちょっと話しかけた時の声とか。字幕無しだと「ここは何を話してるの？」と気になる。「何か喋っている」のが分かってしまう部分です。ジャズ・

アイコンズ（Jazz Icons）というシリーズのＷＯＷＯＷでのＯＡ版の字幕をやっていた時に、よくありました。どうしても分からないし、映像からも手掛かりがない音に時々出くわしました。こういう場合、選択肢がもう1つあります。映像をカットしてしまう事です。オフマイクぎみのトークは名演奏とは別物なわけで、あっさり切る事もあり得ます。とはいえ、何十本か訳したこのシリーズの中では、幸い、カットで逃げた事はありませんでした。とにかくこれは最後の手段で、逃げたくはありません。

さらに、カットしようがない事もあります。30秒くらい何か話しているとして、曲やメンバーに関して話している中で、1つの単語が分からないせいで訳せないとか。そういう時はネイティブスピーカーの助っ人に頼るのですが、その助っ人が「お手上げだ」と言ったら、作ります。「ネイティブスピーカーが聞いても分からないのなら、そうそう聞き取れる人はいないだろうから、流れに沿う字幕にするしかない」という事です。

貴重な映像と音源を見聞きする機会です。こちらも映像をよくよく見て、何が起きているのか、誰が誰に話しかけているのか、できる限り情報を伝えようとします。その中で雰囲気を壊さない字幕を「作る」。私自身「ここまでしなくてもいいかな。名演奏を聞ければそれでいいだろう」と思ったりします。実際、このジャズ・アイコンズのシリーズは、日本向けに発売されているＤＶＤにも日本語字幕が入っていません。私はこれを手抜きだとは思いません。聞き取り不能の声があって、そこに無理やり字幕を入れるより、潔く「演奏を聴いてね」という姿勢を守る。入れられる部分だけ苦労して入れて、無理な部分をなしにすると半端になるし、ソフトは残る物ですから。

しかしＷＯＷＯＷのＯＡでは字幕を入れています。なぜなら「（誤訳と言われてしまうリスクはあっても）字幕が入ると会場の雰囲気が伝わりやすくなる」「メンバー同士の会話が『どんな感じか』だけは伝えられるだろう」「これを入れればアーティストの個性が少し伝わりやすくなるかも」「そうすればソフトを持っている人も、改めて楽しめるかもしれない」などと思うからです。

（３）音声解説で、複数の人がどうでもいい話を同時に話している場合

これは厳密には「作る」ではない気もしますが、複数の人がそれぞれ違う事について何か言ってしまった場合、原語から得られる情報のかなりの部分を落として話の流れをよくしたりします。

例えば３人が同時に3秒話した場合。出せる字幕は10文字から15文字くらいです。そんな時は誰か1人の言葉を拾って話をつなぐ事が多いですが、それではつながらない事もあります。そんな時は作ります。その３人のその時の会話を総合して、話が流れるように「作る」わけです。

（４）音声解説で間違った情報を言っている場合

Ａさんが「この作品は18年前の２０００年に企画として始まり…」と言ったとして、5分後に「２００２年に企画が始まった時…」と言い、それを音声解説の中で誰も訂正しない場合です。こうい

う時は2000年と2002年とどちらが正しいか調べて、両方を合わせてしまいます。2000年が正しいのであれば、5分後の「2002年に…」を「2000年に…」にしてしまう。2002年が正しいのであれば「18年前の」を落として「これは2002年に企画として始まり…」にする。これも厳密には「作る」ではなく「訂正」でしょうが、音声解説の場合はやります。

これが本編であれば訂正はしません。上の例が本編に出てくる場合は5分後の「2002年に企画が始まった時…」の「2002年に」に傍点を付けます。観客が「あれ、さっきの話と違うけど、言い間違いかな?」と推測してくれる事を祈りつつ。この場合の傍点は「この数は確かに原語で言っている通りの数だけど、さっきの情報と矛盾してくる事に訳者は気づいていますよ」と、気になった観客に伝えたくて付けるわけです。

『ビヨンド★』というルチオ・フルチ監督の映画で「60年前の」と言うべきところが「6年前の」になっているセリフがあり、気になった人が問い合わせしてきてくれた事がありました。これは改めて確認しても「6年前の」と言っていました。間違いでもありませんし、発売後のソフトでは、そのままです。しかし、その後、この作品のデジタル上映があり、その時はクライアントと相談して「話の設定からして、これは『60年前の』にしないと変なので直しましょう」となって、「60年前の」にしたのですが、「60」の上に傍点を付けたと思います。

私が考える限り、これは作品のセリフを翻訳者が勝手に書き換えるのと同じだと思います。本編の流れに矛盾するセリフが残っているからと言って、それがそのままリリースされているのであれば、監督や製作側の意向を確認しないまま訂正するのは違うと思います。もちろん、確認して、「予算がなくて直せなかったので、字幕で補正できるというなら、お願い」と言われれば、それはアリだと思いますが、そういう例は経験がありません。日本映画で日本語のセリフに何らかの間違いがあったとして、それを製作関係者が直す事はあるでしょう。でも、それは字幕を作る前の段階で終了です。

少し補足をしておくと、字幕翻訳者はほとんどの場合、製作関係者には入りません。pre-production、production、post-productionという言葉があります。1つめは製作準備と訳される事が多いですが、これは言い換えると撮影の準備段階。production は撮影。post-production は主に編集です。そして字幕翻訳はこのどれにも入らずlocalizeと呼ばれる作業になります。直訳的に言うと「地元化」。その地域の人が理解できる言語で上映するために、その地域の言葉で字幕を作るか吹替版を作る作業です。この意味で翻訳者は製作関係者ではなく、言い間違えているセリフを字幕で補正する立場ではないと私は思います。俳優がセリフを言い間違えた場合、その場で撮り直すわけです。でも、それが公開段階まで残る事が稀にあります。良くも悪くも、それはその作品の「間違い」としてずっと付きまといます。字幕で補正すべきものではないでしょう。

(5) 専門用語

作ってしまう事、多々ありです。ただしこれは、こちらからクライアントへの納品時の話です。もちろん私もネットなどで色々調べた上で作りますし、私の原稿をそのジャンルに詳しい人にチェックしてもらえる前提でやっている事です。クライアントは周囲の詳しい人も巻き込み、必要に応じて専門の人にも確認してもらって私の原稿を直してもらいます。これはシステムとして自然ですが、とにかく訳さない事にはチェックも直しもできません。自信がない表現には、最初からクエスチョンマークをメモしておくなどして、申し送りでクライアントに伝えるようにしています。という事で（5）に関しては、実際の発売版の字幕は監修後になり、皆さんの目に触れる字幕では「作った」部分はそれほど残りません。

こう書いていると『スター・トレック4★』でのこんな会話を思い出します。

ミスター・スポックが「正確な針路が分からないのでカンでいきます」と言うとカーク艦長が「君がカンに頼るとは驚いた」と答え、スポックは困惑します。そこでドクター・マッコイが「君のカンは大半の人の事実確認より頼りになる、と艦長は言いたいんだ」と説明し、スポックは「それは褒め言葉ですね?」マッコイ「そうさ」となる。最後にミスター・スポックは「では、ベストのカンで頑張ります。」

といった会話です。

ベストのカンで頑張る事が時々あって、そんな時は胃が痛くなります。ましてやミスター・スポックみたいに信頼される事もない人間なので…。

いずれにせよ今回書いたような言い訳は甘えでしかなく、全て通用しない厳しい素材もあるかもしれません。実際に翻訳する人は、甘えも逃げもないのだという心構えで取り組むべきだとは思います。甘えているのは私だけという事で。

『ビヨンド』The Beyond（81・伊）ルチオ・フルチ
『故郷への長い道／スター・トレック4』Star Trek IV: The Voyage Home（86・米）レナード・ニモイ

ショートコラム③『暴走機関車』で迷走する上下関係

黒澤明の脚本をアメリカで映画化した『暴走機関車』(85年)です。60代の指令室長をファーストネームで呼ぶ鉄道の運行システムを構築した30代の若手。この若手は社長直属のようで、室長の部下ではなさそうです。しかし、彼らの会話は以前の字幕版でも吹替版でも部下と上司の会話として日本語風に丁寧語で訳されました。ここに暴走機関車に乗る脱獄囚を追う刑務所長が登場します。彼は50代か60代。原語では強面の刑務所長にもこの若手は尊大に「on the double!」と叫びます。「仕事の邪魔だ。どいてろ。早くしろ!」の「早くしろ」です。「on the double!」は「2倍速で動け!」の意味。よく軍隊もので鬼軍曹が怒鳴る時に使います。こう言われた刑務所長はキレて若手を突き飛ばします。英語圏の観客でも彼の生意気さに違和感を持つ気もしますが、それは演出の意図でしょう。この文化の違いは難しいところですが、新訳の若手は生意気な話し方を貫きます。

第四章

明日に向って訳せ

写真=『ザ・クレイジーズ』

字幕の著作権とは？

映画にも音楽にも小説にも著作権があります。では字幕の著作権は？　知的財産である事は間違いないと思うのですが、仕事に追われる中、法律的な知識に乏しい私には専門的な事が分かりません。聞きかじりの知識で言うと、「字幕」にも「二次著作権」または「名誉権」があるのではないか、という見解はあるようです。名誉権というのはお金にはならないけれど、クレジットを消されない権利というか、クレジットを出せと要求できる権利という感じです。

では実際に業界内では、どのように扱われているのか。これは経験から少し話せる事があります。まずテレビで放送されたCBSのドキュメンタリー。これは「買い取り」と言えばいいのか、何回放送するにしても、地方のネット局やケーブル局、CSやBSでの放送も含めて、制作費が一度支払われるだけで終わりです。

ただ、それをDVD等のパッケージにして発売する事があれば―CBS素材の場合、それはほぼありませんが―「二次使用料」が出るのかもしれません。

DVDやビデオとして発売されるタイトルは「一次使用料」を受け取ります。音楽にせよ映画にせよ、こうした作品が劇場公開される事は少ないので、この場合も「二次使用料」は、ほぼ出ません。

劇場公開される映画の場合―これが一般の人から見て、一番普通のパターンですが―劇場公開時に

「一次使用料」、ビデオ（&ＤＶＤ）化される時点で「二次使用料」を受け取ります。ただし、最近では劇場公開されてビデオ化されないタイトルは少なく、特にメジャー作品の場合、一次と二次を同時に支払うケースが多いようです。１つ言えるのは、字幕に「印税」はないという事でしょうか。配給会社側は「執筆料」でも「翻訳費」でもなく、「制作費」として翻訳の予算を組んでいるようです。

皮肉な話ですが、１００億円のヒット作でも1億円いかない作品でも字幕翻訳の苦労には大差ありません。むしろ、小規模な作品の方が、英語台本の不備が多かったりして翻訳が難しい例もあります。

それから、最近ではビデオ・オン・デマンドなど、ネット配信される映像作品もあります。これは映像作品の出口として新しい概念で、そうした使用に関して「三次使用料」を出すべきだという考えもあります。実際、1社からそうした話が来た事があり、「ありがとうございます」と言っていたら、その作品がキャンセルになって糠喜びという経験もあります。

いずれにせよ、字幕の著作権管理は重要です。翻訳を仕事にしている私のような人間にとって重要なのは当然ですが、観客にとっても重要な事です。というのも、著作権の管理をしっかりしようとすればクレジットを出すのが当然という概念が一般化します。よく名前を見る翻訳者もいますが、出さないのも普通で、ＤＶＤのパッケージを見ても本編を見ても誰が訳したのか分からないタイトルも多いです。

誰が訳したのか分からないというのは、食材の産地表示がないのと同じです。最近では怖くて食べられないかも。クレームも付けにくくなります。逆に上手に訳せていると感心しても、誰を誉めればよいやら。クレジットが出ていなければ、上手にせよ下手にせよ、評価のしようがありません。字幕翻訳は能力第一の世界であるべきですから、誰が上手く、誰が下手なのか分からない状態では観客も不幸です。当然ですが、より適切な字幕を付けられる人が翻訳をするのが一番です。その意味で、クレジットを出すのが当然、という流れを早く作りたいのですが、「字幕　著作権」でインターネット検索しても、管理団体は存在しないようです。私が作ろうかと思いますが、本業の翻訳が忙しいまま、ここまできてしまいました。

少なくとも、この業界で地味ながら30年近く第一線で仕事をしていてもこの程度しか詳しくないというのは問題だと、個人的に思っています。「字幕は文化だ！」と胸を張って言えるような字幕環境（？）が生まれるといいのですが。

音声解説の字幕のクレジット

ＤＶＤやブルーレイは映像作品のパッケージとして多機能なので、映画本編だけでなく様々な特典が盛り込まれています。

よくあるのが音声解説（オーディオコメンタリー）で、出演者やスタッフが本編を見ながら撮影秘話や裏話をするものです。これは本編を見ながら数人の関係者が話す場合が多く、ずっと話し続けているため、本編のセリフより字幕の数や文字数が多くなる事がほとんどです。さらに特典は付録なので英語の原稿（喋っている事を文字通りに聞き起こして書いた原稿）が存在しない場合も多く、存在しても聞き取りにくい場合は、その英語の原稿に「聞き取れない（inaudible）」と明記するだけで終わりという事が多いです。それでも、例えば字幕1つ分の英語が聞き取れないからと言って、そこだけ翻訳字幕がないと不自然になるし…。というジレンマが生まれます。

そういう場合、どうするか。まず、必死に聞き取ります。どうしても分からない場合もありますが、前後関係から肯定的な意味か、否定的な意味か分かったり、1語や2語聞こえる単語があったりで、そこから何を言っているか推測し、前後に馴染むように字幕を作っていく事が多いです。

前にも書きましたが英語を母語として話す人が「聞き取れない」と書いている音は、実際、聞き取り困難で、知人の外国人に頼んでも、やはり「聞き取れない」事が多いです。

映画本編には英語の原稿があるのが普通です。そしてＤＶＤのパッケージには、映画本編の字幕翻訳をした人の名前が「字幕翻訳〇〇〇〇」という具合に表記されます。

では、本編より作業が大変な音声解説の翻訳も、本編を担当した人が訳しているのでしょうか？

1つの作品の本編と音声解説両方を同一人物が訳す事は実は少ないのです。

私の場合は、本編を訳した作品の音声解説はほとんど一緒に翻訳しています。別々の人が担当した場合、個別のクレジット表記をしてもらう事もあります。しかし「音声解説部分・字幕翻訳〇〇〇〇」と表記しているソフトは多くありません。音声解説を誰が訳したのか一般のユーザーはほとんど知る事がないのです。

食材で考えると分かるでしょうか。その品物がより安全だとか、より質が高い事を示すために生産者表示をするのが一般的になってきました。消費者からも「この生産地」「この生産者」など、よりよい食品選びに、こうした表示は役立ちます。

字幕も訳者によって語尾、語調などにクセがあり、読みやすさ（または読みにくさ）があるものです。理想論としては、クセがないのが一番ですが。

音声解説は付録なので本編よりも翻訳コストをかけにくい場合が多いのですが、翻訳の苦労は本編以上です。とにかく関係者が本編を見ながら撮影当時を思い出して話しているので、話題が色々な所へ飛び、英語の原稿があっても不備も多い。そんな条件の中で苦労して仕上げた翻訳字幕に、クレジットは表示されない…。ユーザーにとっても、翻訳者にとっても不幸な話です。名前を出して仕事をする方が責任感、緊張感も高まり、結局、字幕の質が上がるでしょう。

製作者と監督または『天国の門』

映画のオーナーは製作者、プロデューサーです。監督はオーナーに選ばれて決まります。プロデューサー自身が製作会社に雇われている場合もあり、細かい事を書くとまた長くなるので、ひとまず製作者が映画のオーナーで、監督は雇われという図式に簡略化した形で話します。

スタンリー・キューブリック監督が『フルメタル・ジャケット★』で日本語字幕に関して意見を出した事は字幕翻訳業界では有名な話ですが、彼は同作のプロデューサーでもあったため、監督の立場ではなく製作者の立場で意見を出したと言えます。

1本の映画を作り上げるのには物凄いエネルギーが必要になります。キューブリック監督を「こだわりの人」と見るのは簡単ですが、現実的に考えて、どの作品のプロデューサーも、こだわれるものなら他の言語の字幕の全てにこだわるのが当然です。「自分が作った映画が、どんなふうに訳されているだろう」と、監督や製作者の立場で想像すれば誰でも気になるはずです。

映画は良くも悪くもこだわりの結晶です。その点、字幕も同じ事が言えます。字幕翻訳家は1文字1文字に徹底的にこだわり字幕を作るべきです。

と、また本題から逸れました…。字幕制作における「製作者と監督」が本題です。オーナーとシェフです。映画製作の過程に関しては分かりやすい関係だと思います。これを字幕制作の現場で考えた場合、誰がオーナーになるのか。配給会社の字幕制作担当者です。この担当者が映画そのもののオーナーであるプロデューサーの代理になります。監督は翻訳家です。監督とプロデューサーの意見の衝突といった事態は映画製作の現場から聞こえてくる事もありますが、字幕の制作現場ではそういう衝突は基本的にありません。

字幕の現場ではプロデューサーが監督の言いなりになる事が多いのです。字幕のクオリティに関する問題の根本です。

余談ですが、プロデューサーが監督の言いなりになって『天国の門★』という映画を作ったユナイト映画は倒産しました。「天国の門を自ら作って、それを通ったユナイト映画」と、当時皮肉られたものです。『ディア・ハンター★』という作品を撮って圧倒的な力を持つマイケル・チミノ監督が、勢い余って…。チミノ監督は『逃亡者★』でのPR来日時『なぜ今『必死の逃亡者』のリメイクなのですか?』という私の質問に『それは答えられない。次の質問にいこう』と言いました。(この会話は当時OAされたので書いています。)作品のPR来日で製作動機を答えられない…。当時22歳だった私はインタビュアーとして困り果てました。最初の質問から飛ばされたのです。そこで即座に私は決めました。「この作品の中で、監督がこだわった事を聞こう」と。

『イヤー・オブ・ザ・ドラゴン★』でハリウッド復帰した彼は慎重になっていたのか、臆病になっていたのか…。選べる立場から選べない立場になっていた事は確かです。マイケル・チミノは才能ある監督だと私は思います。『ディア・ハンター』は傑作です。

ただプロデューサーが監督の才能をよりよい方向へ導けないと、結果は…。

とにかくプロデューサーが権限を適切に行使できれば、問題の根本は解消します。それでヒットや成功が約束されるかと言うと、そうでもないでしょうが。

話を字幕制作の現場に戻します。この現場では、プロデューサーが権限を適切に行使できないのではなく、しない事が多いように私には見えます。

とにかく字幕の仕上がりに問題がある場合、監督よりも製作者に、より大きな責任があります。営業力、人脈、組織力を活かして「監督」になる人もいるかもしれません。しかし、字幕という特殊な活字を作るには、ひたすら能力が問われるべきだと思います。

『フルメタル・ジャケット』Full Metal Jacket（87・米）スタンリー・キューブリック
『天国の門』Heaven's Gate（80・米）マイケル・チミノ
『ディア・ハンター』The Deer Hunter（78・米）マイケル・チミノ
『逃亡者』Desperate Hours（90・米）マイケル・チミノ
『イヤー・オブ・ザ・ドラゴン』Year of the Dragon（85・米）マイケル・チミノ

字幕修復家

字幕翻訳家、字幕演出家に続いて新しい肩書きを思いつきました。字幕修復家。不適切な字幕や経年変化が作品以上に早く進む字幕を適正な字幕に変える作業ですが、厳密に言うと、元の字幕をより適切なものにするので、ただ単に字幕を修復するのではなく、日本人が鑑賞する時の映画そのものを修復する作業です。

字幕翻訳は良くも悪くも「総合芸術」と呼ばれる映画の一部です。映画関係の仕事では、マニュアルや資格がある分野は非常に少ないです。監督も、脚本家も、プロデューサーも、俳優も…。私が持っている資格といえば…国連英検A級と自動車の普通免許くらいです。

ちなみに、以前に字幕が存在した作品を私が再翻訳した数は、私自身数えられません。私が前の字幕を見た上で再翻訳している場合と、見ないで翻訳し、後で見た場合があるため正確には数えようがない部分もあるためです。いずれにせよ、前に字幕が存在した作品で私のバージョンも存在するものは200本はあるでしょう。どの作品もマイナーチェンジではなく、作品の世界観を俯瞰した上での全体的な再翻訳、脚本訳です。そもそも「全体的に」再翻訳が必要な作品が多いというのも妙な話です。

現在の日本語字幕は、それなりに成熟しています。日本語の字幕は世界的に見て、原語の情報やニュアンスを残すのに有利です。漢字とひらがなとカタカナとローマ字を混在させられ、ルビも使えるため、文字言語として表現力が豊富になるからです。

しかし、無意味な統一性やルール、用語の手引きを盾にした保守的な考えがいつの間にか定着し、硬直化しています。映画は1本1本、自由な発想から生まれてきます。字幕業界はそれと同じように柔軟な受容力があるべきでしょう。

字幕は1本1本の映画から自然に生まれます。そこにあるルールは、その作品の脚本家と監督と俳優が自然に決めるものです。字幕業界は何も決めずプロの仕事をするだけ。

私は聞いた事があるだけですが、この業界には徒弟制のような側面もあるようです。それは30年以上前に必要だった制度でしょう。家庭用ビデオが普及した後、映像技術がデジタル化した今では字幕の環境はそれ以前とは別次元に変わったのです。

字幕修復家としては、今、この瞬間にも「修復」が必要な字幕は増え続けるだけなので、仕事がなくなる心配がないとも言えますが…。

字幕翻訳のノウハウのオープンソース化

最近は映像のネット配信が進み、字幕の需要は減りそうもありません。若手の翻訳家も間違いなく育ってきています。しかし、ネット配信事業で映像業界に新規参入した人たちは字幕に詳しくない場合が多く、これが新たな問題を生んでいるようです（不適切な字幕を生んでいるという事です）。

字幕に関する知識やセンスがないクライアントが、経験の乏しい翻訳家の仕事に赤を入れるような状況もあるようなのです。

成熟した業界団体があって、そうした団体が一定のガイドラインを提示できれば、様々な場面で登場する字幕の質は向上し得ます。

私はこの本やネットを通して、このガイドラインの雛形を作れればと思っていたりします。字幕作りのノウハウを細かく説明していくのは企業秘密を自らバラすのと同じです。

しかし今は、観客が字幕を見る目を養い、字幕翻訳を勉強する人たちや新規に字幕業界に入ってきたクライアント側の人たちが、適切な基礎知識を身に付ける事が先決だと感じます。

本来ならば観客は純粋に作品を楽しめばよいだけですが、字幕翻訳のノウハウのオープンソース化以外に残された道はないと思うのです（「オープンソース」をこう使うと語弊がある気もしますが…）。

その結果として、本当の意味で「字幕が自然に頭に入ってきて、セリフをそのまま聞いているようだ」という字幕だけが残り、全ての観客が字幕の事を意識せずに作品を楽しめる環境が生まれるといいと思います。

海外産の日本語字幕

日本語字幕をアメリカで作る。意外でしょうがかなりあります。大手メーカーの作品では日本語字幕、英語字幕以外にもフランス語、スペイン語、ドイツ語、イタリア語、ポルトガル語、中国語、韓国語、タイ語など、様々な言語の字幕を呼び出せるディスクを作っているためです。

ＤＶＤやブルーレイは膨大な量のデータを収録できるので、技術的にムリがないためですが、もっと簡単な理由があります。１つの作品の素材に各国の言語の字幕を入れておけば、パッケージだけを発売する国の仕様にすればいいので、長い目で見た場合、加工が簡単なのです。

21世紀になりＤＶＤが爆発的に普及し始めた当初は、そうした制作スタイルでも、翻訳そのものは日本で行ない、そのデータをマスターディスクに入れる作業だけアメリカで行なうというのが一般的でした。

それが、いわゆる海賊版対策としての素材管理もあり、翻訳そのものをアメリカで行なうスタイルに移行するメーカーが出始めたのです。

翻訳のクオリティに問題がなければ、制作スタイルとしては何も問題はありませんが、「、」や「。」といった、字幕の中では殆ど必要のない記号を入れたり、日本人に馴染みのない書体の字幕を作ったり、さらには「、」のつもりで「・」を入れた字幕まで登場してきました。

日本語字幕は「日本の文化」というと大げさですが、独特な存在です。翻訳字幕を頼りに映画を見ている人が日本ほど多い国は世界的に少ないです。

いわゆる「手書き風書体」(元はといえば、実際に手書きだったのですが)だと映画を見ているという風情を感じる人も多いと思います。いわゆる「丸ゴシック書体」だと、硬いというか、加工品のイメージが強くなります。フィルムは手書き、ビデオは活字というイメージがある人も少なくないでしょう。

書体だけでも日本の字幕は観客が思い入れを持つほど、独特な存在なのです。

もちろんアメリカにも日本人は大勢いますし、日本語の分かるアメリカ人も大勢います。しかし、日本語字幕の特殊性が分かっている人が、どうやら少ないようです。「、」と「・」を混同する人は、日本には少ないでしょう。

こうしたスタイルでのマスターディスク制作でよいと考える人がいる理由はもう1つあります。英語を理解できる人にとっては「字幕」そのものが「特典」だからです。DVDでは英語字幕も表示できるソフトが多いですが、日本人にとって「英語字幕」は特典の1つです。これと同じ意識で日本語字幕を作ると「、」が「・」になっても平気だったりするのでしょう。でも海外で日本語字幕を作ると、悲劇がコメディになってしまう事もあります。

海外で日本語字幕を作る、または翻訳するという事自体に反対はしませんが、現状では大反対です。海外にいる日本語字幕の担当者が不勉強すぎるためです。このままでは「日本語字幕は文化だ」と誇るどころか「日本語字幕は情報だ」になります。言い換えると「映画を字幕で鑑賞する」のではなく「映画の情報を字幕で見る」になります。

これは字幕の著作権管理にも関係する話なのですが、まず、日本人が劇場で見る字幕のクオリティに関して、ある程度のガイドラインを作り、それを世界中の業界に認知させられる組織を作るべきなのです。別に監視的な存在になる必要はありません。「このガイドラインに沿う努力をして下さい」と周知するだけでも、かなりの字幕を救えます。日本の字幕の歴史は長く、その数も膨大にあるわけです。これまで何十年もの間、一定のクオリティを保ちつつ―最近はかなり変化がありますが―「映画は劇場で、そして字幕で鑑賞するものだ」という文化があったのではないでしょうか。

最低限の文法と技術的なスペックを、海外で日本語字幕の制作に関わる人にも意識してもらうというのは、映画の鑑賞環境というか日本語の字幕環境を保つ事に大きな意味があります。そうした業界団体が字幕翻訳者の中から生まれないのが不思議ですが、早く作らないと、日本人観光客が多く来る海外のホテルで見かけるような、微笑ましい日本語が字幕にどんどん登場してきてしまいます（さすがに劇場用の字幕は、そんな事になっていませんが、DVDでは既になっているものがあります）。

まず映画『レポマン★』の字幕の話を。「彼所」←読めません…。「何処」（どこ）と読むべきか、漢字だし（いずこ）と読もうか…。30秒くらいの間に「UFO」と「ユーフォー」の両方が出ました。「!」と「?」も大増量サービスです。1枚の字幕の1行目に「1000ドル」とあり、2行目に「千ドル」とあり…。車の「シボレー」が「シェヴィー」で…。「お金貸してくれか」（「くれるか」の「る」が落ちてます…）、「うるせい!」（って、可愛いかも…）、「実にイカスよ」（烏賊酢?）などなど。

『レポマン』自体はとても面白い作品だと思いますが、この字幕は…。ここまで書いたのも90分ほどの作品の20分くらい見ただけなのですが…。

では気を取り直して本題。2000年くらいの話ですが、某社が私に相談してきました。「日本語、中国語、韓国語、タイ語などの字幕を一括して生成できるシステムを作れないだろうか?」といった話です。

先述の通り、ヘザーでは1996年10月に放送が始まった『パーフェクTV』（JスカイBと合併し「スカイパーフェクTV」になる前のCS放送のプラットフォーム）で、1ヵ月に50時間分ほど新規字幕を作り続けた時期がありました。10ヵ月ほどの間に800タイトル（30分〜1時間番組中心でしたが）ほど翻訳し、簡単に平均すると1日1本映画の字幕を作っている状態でした。10ヵ月で300本です。この実績があったため、アジア諸国の言語を一括して翻訳していくシステム作りの相談を受けたのです。

しかし、いくら私がヘザーという会社を設立し、外注の下訳者を多数抱えていても、それは言語を英語に絞っていたから私も赤入れ（字幕をチェックし、私が訳した場合のバージョンに仕上げる事です）が可能だったのであり、この諸言語の字幕制作は私にもヘザーにも、さすがにムリでした。

この話があったのは2000年頃です。結局、他に相談できる日本の会社は存在しなかったのでしょう。私が生まれるよりも前から続く、日本語字幕の長い歴史の蓄積を活かせる団体も存在せず、結局、このシステムがアメリカで構築されたのだと思います。

ただ、この話に関しては「問い合わせを受けた」事以外、推測なので、そのシステムの指令基地がアメリカではなく、韓国や中国などの日本以外のアジアの国なのかもしれません。そのあたりは不勉強で分かりませんが。

1つ言えるのは、アジア諸国の言語のローカライズ（翻訳する事）を、日本をハブ（中心になる基地）に進めようとしていた大手が1社はあったという事です。そして、日本の長い字幕文化の経験と蓄積を活かせる人や団体が存在しないため、それが実現しなかったという事です。粗悪な字幕を見ると、当時の私の力不足が悔やまれます。私には圧倒的に時間がありませんでした。

『レポマン』Repo Man（84・米）アレックス・コックス

アレックス・コックス監督作品

『ストレート・トゥ・ヘル★』（劇場リバイバル＆ＤＶＤ）
『バック・トゥ・ヘル』（同作の特典ドキュメンタリー・ＤＶＤ）
『スリー・ビジネスメン★』（ＤＶＤ）
『エッジ・シティ★』（劇場）
『リベンジャーズ・トラジディ★』（劇場＆ＤＶＤ）
『濱マイクＶｏｌ．11』の翻訳をしました。

『濱マイク』は監督用の叩き台となる台本の英訳です。個人的には『ストレート・トゥ・ヘル』が好きです。この作品にはコートニー・ラヴが出ていますが、彼女の関係作品の翻訳をかなりやってきました。ＳｈｅＴＶで放送された『スポットライト』では、ＨＯＬＥというバンドにいた頃の彼女のインタビューを訳し、『バロウズの妻』という映画はＢＳ放映時に字幕をチェックし（翻訳そのものは私ではないのですがマイナーチェンジしました)、『メイヤー・オブ・サンセット・ストリップ』というドキュメンタリーでも溌剌とした彼女の言葉を字幕にしました。彼女の亡き夫カート・コバーンがヴォーカルだったニルヴァーナのセカンド・アルバム『ネヴァーマインド』の制作過程を追った映像作品『クラシック・アルバムズ』(DVD)も翻訳しています。それから主役のジョー・ストラマーのドキュメンタリー『レッツ・ロック・アゲイン』も翻訳しています。

『リベンジャーズ・トラジディ』の翻訳は苦労しました。素材が3バージョンになったのか、とにかく最初のビデオ素材で一度字幕を完成させながら、それが実は編集途中のバージョンである事が半年ほど後に判明し、フィルムが到着した時、全体をやり直し、その作業をしていた頃、コックス監督がちょうど日本で『濱マイク』を撮っていたので、兄弟の上下関係の再確認など細かい事を直接聞いてしまおうとアテにしていたら、忙しいまま帰国してしまい、結局話せずじまいに。色々あって、ペンディング事項のいくつかが未確認のままフィルムに字幕を焼き付け、DVD化まで行ってしまった作品です。「直訳し、情報を整理し、セリフにし」ましたが、情報の整理がもう少しできたはずの悔しい作品になってしまいました。

『レポマン』は翻訳していませんが、前項「海外産の日本語字幕」に続いて、ここでも少し書きましょう。

例えば←(ちょっと変えてありますが)

エミリオ！―なんだよ？―
ビール持ってきて

これは

女「エミリオ」
男「なんだよ？」
女「ビール持ってきて」

という3枚に分けるべき字幕を1枚で出す字幕です。いくら字幕が必要でも、できるだけ画面を汚さない。それが、その作品へのエチケット。この場合は男の「なんだよ？」を字幕として出さない（「アウトにする」と言ったりします）。それだけでいいのです。全部出そうとすると字数制限があって…という言い訳をしないのは良いですが、ただ長時間出す…。男の「なんだよ？」を入れたのはいいけど、その答えまで1つの字幕に入れるなら「なんだよ？」と聞く必要もなくなります。

次も少し言葉を変えますが「事故死かも　―え？」なんて字幕も出ました。「―え？」は、どう考えても必要ないです…。文字以外に映像もあるので…。

その後には1行18．5文字の字幕も出てきました。1行の制限を何文字にしても構いませんが、改行した方が読みやすいです。

『ストレート・トゥ・ヘル』Straight to Hell（87・米）アレックス・コックス
『スリー・ビジネスメン』Three Businessmen（98・英／蘭／米）アレックス・コックス
『エッジ・シティ』Sleep Is for Sissies（80・米）アレックス・コックス
『リベンジャーズ・トラジディ』Revengers Tragedy（02・英）アレックス・コックス

よりよい字幕を作る方法

劇場用の字幕は、できるだけ全ての客層を対象に、誰が読んでも、できるだけ「読む」という負担がかからないようにと考えられて作られます。

ここで少し趣向を変えて、邦画ですが『下妻物語★』や『木更津キャッツアイ★』といった作品の客層を考えてみましょう。メインターゲットは10代後半から20代の若い人です。私はこの2本の英語字幕を作りましたが、日本語でも早口で何を言っているのか分からない部分が時々ありました。そうした部分は、撮影台本があっても分からなかったりします。というのが、それらの多くがアドリブだったりするのです。いずれにせよ、1語1語を聞き取って作品を楽しむのではなく（セリフの内容ではなく）その場面の雰囲気や勢いを伝えるためのセリフというものもあります。

こうした作品を若い人が見ても（しかも日本語で見ていても）、展開が早く、劇場を出た時には「楽しかったけど疲れたかも。でも面白かったね」という気分になったりするものです。

こうした作品は、もっと若い人やもっと年齢が上の人が見ても、単に展開が理解できなかったり、使われる言葉も分からなかったりする事があります。

この場合「できるだけ全ての客層を対象に」考えるべきか…。ひとまず劇場ではそれでよいとします。しかし、それによって本来のメインターゲットの客層が不満に感じる情報量になるのであれば、その作品の魅力が出ていない字幕になるでしょう。字幕は欲張りなツールです。ムリして破綻するのは問題ですが、減らしすぎて魅力が薄まりすぎるのも問題です。「適度」に訳す…。

ではどうするか。例えばDVDやブルーレイは字幕を何種類も入れる事ができます。そこで劇場公開時の字幕（できるだけ文字数を減らす事を意識した字幕です）を1つ入れて、それとは別に文字数の限界側で考えられた字幕（作品の情報をよりきめ細かく入れる事を意識した字幕）を入れる、という考えもあり得ると思います。

DVDやブルーレイの制作プロセスは複雑ですが、そうした技術的な問題はそれほど大きくありません。私が過去にやった作品、ラモーンズの『END OF THE CENTURY』のDVDでは、人名&肩書きの翻訳テロップも字幕で出しながら、音声に対する翻訳字幕を出す「字幕だらけバージョン」と、音声に対する字幕だけを出す「簡易字幕バージョン」を収録しました。これは私の提案でしたが、劇場では

「字幕だらけバージョン」しか見られないとしても、ＤＶＤではファンが楽しみやすい配慮をしたいという事でクライアントも大賛成でした。さらにラス・メイヤー作品の数本には「標準語版」に加えて「関西弁版」と「東北弁版」の字幕を収録しています。これは方言の検証が完全なわけではなく、遊び心で入れたものですが、ＤＶＤというメディアの特徴を利用するという意味で前向きな試みだったと思います。あと、方言のバージョンは文字数や改行などのチェックを私がしただけで、原稿はクライアントが準備したものでした。念のため。

いずれにせよ、複数の字幕を入れる事が可能なのですから、より深みのある楽しみ方をＤＶＤが可能にしてくれるという考えは誰にとっても名案ではないかと思います。

劇場でその作品を楽しんだ観客が、ソフトでより深く作品を鑑賞する。ソフトで初めて見る人が気楽に見られる字数減量版も収録する。ＤＶＤが登場した時から、この可能性を追求する動きが少ないのは不思議です。

ちなみに、こうした複数のバージョンの日本語字幕を入れるとした場合、問題になるのは技術的な事でも、コスト面でもなく、「字幕翻訳　〇〇」といった個人のクレジットでしょう。というのが劇場版の字幕が「完全」であるという先入観というか、色々な意味で当然だった事を根底から覆してしまうからです。

できるだけ作品の情報量を減らさないように「こんなに字数が多くて読めるかな？」と思いながら限

界に挑む字幕が、案外読みやすい結果になってしまったら…。

でも、字幕は観客のために作られていなければなりません。『下妻物語』などのようにオリジナルの作品を原語で楽しめれば字幕は無用です。字幕は、基本的に字幕がないと作品を楽しめない人のためのものです。その意味で誰の翻訳なのかは、最終的にはどうでもいい事です。

劇場版の字幕にも一利あり、ソフト版の濃密字幕版にも一利ある。DVDソフトが世に出て20年以上になりますから、日本語字幕も何種類か入っているソフトが増えてもいいのではないかと思います。

次は劇場用の字幕で、よりよい字幕を目指す方法です。「字幕アンケート試写」をやる。「字幕モニター試写」といってもいいでしょうか。

昔は配給会社が運営するファンクラブがありました。「○○シネメイト」とか「○○スクリーンフレンド」とか、個別の作品やスターのファンを対象にするのではなく、○○には配給会社の名前が入っていました。「年会費2000円で当社配給作品の試写に3回は招待します。スターや新作の最新情報満載の会報を年4回発行」とか、そういう組織でした。

今はインターネットを活用できる時代なので、最新情報を満載しても古くなるだろうし、昔のようにはいかないでしょう。でも配給会社がファンクラブ的な組織を作る事は可能でしょう。会員の好きなジャンル、好きなスターなどを把握しつつ、そうした会員の中から、「こういう人には、この作品を見てもらいたい」というモニター試写をする。そして上映後、字幕についてアンケートに答えてもらう。

場合によっては1時間ほど時間を作っておいて、その場で簡単なフリートークをしてしまう。

小規模な作品の場合、予算的に大変かもしれませんが、クチコミで作品を宣伝してくれるファンもいるかもしれない。小規模な作品なら強力な武器にもなり得るでしょう。

「字幕が完全である」と言い切るのは元からムリなのだし、せっかく映画を見てもらうのだから、前向きに見てくれる人に見てもらい、「?」と思ったり、「語尾が気になった」と思うような字幕がなかったか、話が分かりにくい部分はなかったか等々、アンケートをとるわけです。50人でも100人でも、それぞれ違った専門的な知識を持っている、違った感性を持っている、そうした一般の人たちに「見せてやる」のではなく「見てもらう」のです。早い段階でこうした試写をやれば、主観の違いで判断が変わるような字幕は仕方なくても、目立つ「不適切」な字幕は減るはずです。その上で作られた字幕なら、それほど問題視する意見も出なくなるだろうと思います。

マーケティング・リサーチにも似ているでしょうか。レコード業界も昔はそんなリサーチをやっていた事を、これを書いていて思い出しました。

映画は商品なのに無形です。人の心に残る商品です。特殊な商品です。『風と共に去りぬ』は1939年（昭和14年）製作の作品です。戦前の映画なのに、今でも映画が好きな人なら知っているようなタイトルです。こうして時代を越えて残っていく「商品」になり得るものです。どの作品にも、できるだけ適切な字幕を残したいものです。少なくとも字幕翻訳家としては、そう思います。

『下妻物語』（04・日）中島哲也
『木更津キャッツアイ　ワールドシリーズ』（06・日）金子文紀

『名人』から『職人』へ。

70年代末くらいの漫才ブーム。そこから生まれた番組の1つが『笑ってる場合ですよ』でした。あのブームまでの漫才は社会風刺が比較的多く、いわゆる一発芸は少なめでした。それが『笑っていいとも！』に変わり、時代が変わって一発芸が増えた。というと少し飛躍しすぎでしょうか。

当時の番組の1つに『花王名人劇場』というのもありました。この「名人」とは何か。常人は近づきがたいカリスマ性を備えた存在。

字幕翻訳家も昔はそんな存在だったのかもしれません。

昔はインターネットはおろか、ＦＡＸも普及しておらず、為替レートは固定相場制。情報は極めて限られていた。そんな時代に海外の情報を一般の人より多く入手できれば、それだけですでに「名人」になり得る。

昔の字幕翻訳家は「名人」という存在になりやすかったのではないかと思います。

その「名人」だった部分を、さらに少し想像すると、「いくら調べても、どうしても分からない部分を何とかして辻褄を合わせて、映画を成立させる技量」だったのではないか、と思います。それが「名人の技」だったのではないかと。

ビデオもない。英語の原稿を一般の人が見る事もない。字幕が適切かどうかを確認するために同じ作品を何度も見るファンがいたとしても存在感がない。そんな時代には、その時に見たものが全てだった。情報が必要以上に目減りしていても気にならなかった。映画鑑賞がもっと「一期一会」だった時代です。

今でも「どうしても分からない部分」に出くわす事はあります。「何とかして辻褄を合わせる」字幕もあります。ライブなどで、ネイティブスピーカーですら、どうしても音を聞き取れない、それでもそこだけ字幕がないのは変だ、というような場合「何とかして辻褄を合わせる」字幕を作ったり…ということもあります。

しかし、その頻度は格段に下がりました。インターネットを始めとする情報量の飛躍的な増大の結果です。

漫才師が「名人」から「芸人」主流に変化し、字幕翻訳家は「名人」から「職人」に変化した感じでしょうか。それらは良くも悪くもなく、変化です。

字幕翻訳は情報の収集能力が大きく影響するものです。その点では昔より楽になりました。私自身、「本当に楽になったな」と思う事がよくあります。

しかし映画の構成が複雑になり、語られる情報自体も高度になったりして、今も字幕翻訳は確かに難しい作業です。「情報収集が楽になった」と思う人は翻訳家でなくても大勢いるでしょう。この時代に求められる字幕翻訳家は「辻褄合わせの名人」ではありません。「情報収集能力が優れているのは当然。最大限の情報を素早く仕入れて、それを字幕に反映させられる人」でしょうか。とはいえ私も辻褄合わせを巧みにやって、担当者も見抜けない誤訳を埋め込む事もあります。でも下手な事をすると、今は簡単に見抜かれてしまいます。私は見抜かれないように頑張りません。見抜かれる「下手な事」がないように頑張ります。

字幕版を見ようキャンペーン

すごいタイトルです。こんなタイトルの文章を書くとは数年前には夢にも思っていませんでした。活字離れ。その結果、洋画の字幕版も敬遠されがちという論調があります。あると思います。では、それをどうするか。①放置。②活字離れを防ぐ対策を考える。

字幕演出家としては②を選びます。そうしないと仕事がなくなっちゃいますからね。では考えます。まず言葉選びを慎重にする事。そして、それを吟味する楽しみを世間に伝える事です。人類が以心伝心の超能力を備え会話が無用にでもなれば別ですが、会話は文明社会において不可欠です。会話こそ文明人の本質だとも思います。同様に活字も不可欠です。いくら活字離れが進んでも、活字（というか文字）自体が消滅する事はあり得ないでしょう。文語は口語の分身のようなものです。

言葉を吟味しすぎると「理屈っぽい」とか「揚げ足とり」と言われる危険もありますが、言葉を無造作に使いすぎると「無能」と言われる危険があります。どちらの危険も避けたいので、さりげなく知性を隠し、バカになったふりをするのがベストでしょうか。

とにかく総合芸術とも呼ばれる映画を吹替版だけで鑑賞してしまっては、やはりもったいないです。そういう私も吹替版で映画を見る事はあります。子供の頃はテレビで放映される吹替版を夢中で見ていました。吹替版も好きです。セリフの情報の集約度も字幕版より高いと思います。でも、総合芸術の要素には俳優の声も含まれます。画面の演技は俳優、音の演技は声優で鑑賞するのとは、やはり違います。もちろん声優の演技自体にも魅力があるので、それも楽しめますから、結局、字幕版と吹替版の両方を鑑賞するのが理想かもしれません。でもそのためには2倍の時間が必要になりますし、映画館で見る場合は入場料も2倍になってしまいます。結局、総合芸術としての映画鑑賞には字幕版が向いているというのが私の結論です。

字幕の競演

日本の映画界では洋画離れ、字幕離れがよく話題になります。理由はそれなりに分析されていますし、対策も考えられたりしています。

でも決定打はない。まあ、当然です。映画館に映画を見に行く習慣が全くない人に、いくら「映画は映画館で見るのが一番」と言ったってしょうがない。行ってさえくれれば「また何か見たいな」と思う可能性が出てきますが、問題は恐らくそれ以前の状態でしょう。

そこで話題作りをする。レッドカーペットイベントに舞台挨拶。これも対策のうちでしょう。テレビやネットでその模様が流れれば「あ〜、話題になってるんだ」と認知はする。でも、そう思った人が映画館に足を運ぶ確率が上がるというほどでもない。こうしたイベントは実際に行く人、行った人にはインパクトが強いわけですが、行けない人、行かない人には芸能ニュースの小ネタになるだけです。

そこで考えました。知的好奇心をくすぐる作戦です。字幕版を2種類作って同じシネコンの中でA版とB版の字幕で上映する。A版は従来の字幕でB版は字数増量気味だけど、A版では泣く泣く落としてしまった情報を入れる。要するにA版は1秒4文字目安の字幕、B版は1秒＝5〜6文字目安といった具合ですが、1回見ている人が見る字幕であれば、それでも追えるのではないでしょうか。「やあ」「おはよう」といった字幕は文字数を増やす必要はないわけで、あくまで泣く泣く落とした情報を詰め込むわけです。場合によってはさらに情報増量版のC版まで作って上映する（C版は無茶かな…）。

実際、A版だけしか見ない人の方が多いでしょう。映画はリピーターを生みにくい商品です。時間をかけて、お金を払って、物理的には何も残らない商品だから仕方ありません。特に「時間をかける」というのが現代では大変になります。

だからこそ「時間をかけて」見に来てくれる人を大切にする。映画の場合、「大切にする」というのは「楽しんでもらう」事です。A版を見て「楽しかった」という人の中に「それで終わり」ではなく「また見たい」という人も出てきます。そういう人たちが2回目に見るのにちょうどいい字幕版がB版です。

この場合、字幕をフィルムに焼き付けず、演劇のようにLEDで表示する方式をついでに考えればコストを節約できるでしょう。吹替版を何種類も作るのは大変ですが、字幕ならそれほどかかりません。

リピーター割引をしてもいいでしょう。こうしてA版とB版を見ると、同じ作品1つでもムリなく、より深く理解できる映画鑑賞になります。DVDやブルーレイでも字幕を2バージョン入れるのは簡単だし。単なるアイデアですが、こうした「話題作り」の方が知的好奇心をくすぐるものではないかと思ったりします。メディア露出を増やすだけの話題作りより、ひとまずは話題になるのではないかと。

字幕を作った人の顔は見えない方がいい

大丈夫です。本編中に画面の隅に顔を出したりしません。

という話ではないです。

「字幕は透明であるほどいい」とも言われます。これはその通り。文字通り透明だと読めなくて困りますが、「俳優のオリジナルの声を聞いて作品を理解していった気がする。読んだ気がしない」という意味での比喩です。

でも「字幕は透明であるほどいい」話と「字幕を作った人の顔は見えない方がいい」話は別です。例えばケンタッキー・フライド・チキン。ここのチキンを食べる時、カーネル・サンダースおじさんの顔を思い浮かべながら「あ〜、おいしい」と食べる人はあまりいません。特に誰が作ったのか気にしないで食べるのが普通でしょう。気になるとしたら、何か問題があった場合になるのではないかと思います。「原産地表示のように翻訳者の名前を出した方がいい」と先に書きましたが、名前を出しても作品の世界に入り込める字幕を出している限り、字幕を作った人の顔は浮かんできません。

小説でも同じです。読む小説を選ぶ時、作者で決める事もあるでしょうが、物語を読み進めている間は登場人物に共感したり反発したりするだけです。読み終えての感想は、人それぞれでしょう。「この話、作者はどう思って書いたのかな?」もあれば「この主人公の思いが伝わってきてよかった」もあるかもしれません。「この作品の編集者、どういう狙いでこの本を企画したんだろうか?」と思う事は少ないのではないかと思います。

映画も似たようなもので、作品を見ている時に「この字幕、誰が作ったわけ?」とは特に思わないものです。映画が始まる時に「日本版字幕　誰々」と出ても、話が始まれば一気に作品の世界に入り込んでいくもので、俳優の演技や監督の演出を感じながら作品の世界の中で時を過ごす。それだけです。

鑑賞中に字幕を作った人の顔が観客の頭に浮かんだらびっくりです。私でも字幕を作り続けていられるくらいです。案外多くの人が私の字幕でも普通に作品を楽しめている気がします。

もう1つ言うと「字幕翻訳家は自身の作品について語るべきではない」と黙っている透明な人も、この業界、案外多い気がします。もちろん訳した作品の公開前に「独断で」話すのはNGですが、公開や発売後は黙っていなければいけない理由はありません。もちろん「この仕事は公開後も他言無用で」と守秘義務を求められた上で受けた仕事なら話は別です。でも「字幕翻訳家が自作を語るなんて100年早い」といった事は理由になりませんし、「ペラペラ喋っていて誤訳を指摘されても責任の取りようがない」というのも違うと思います。むしろ、責任を取るべきミスだったのか、そうではないのか、洋画界の昨今の状況を見ていると、とにかくよりよい字幕を作るために、もう少し考えるべきだと思います。

あなたの漢字は何文字？

最近は、というか、もうずっと、こうしてキーボードを打つばかりで、ペンを持って文字を書く事がすごく少ないです。当用漢字、常用漢字、そのほか色々。書けなくても読める漢字が増える一方。困ったものです。逆に人名だと、どう読むのか分からない漢字が増える一方。これも大変です。

そんな中で映画の字幕は常用漢字しか使えないとか、誰が最初に決めたんでしょうか。正式な決まりはないのです。脚本家が脚本を書く時、「使ってはいけない漢字」を意識する事はあまりないですから。脚本家が何か書く時、常用漢字の一覧は参考にはするとしても、それに縛られながら文字を選ぶ事はないでしょう。

裁判劇なら法律用語がいっぱい出てきたり、戦争映画なら武器や階級や色々な専門用語が出てきたり、ジャンルによって聞き慣れない言葉が飛び交うのは当然なのに、使える漢字には限定がある。そこまで「誰にでも分かりやすい字幕」である必要はないと思います。

脚本を書く段階で「この作品の客層はこういう人たち」というイメージもあるはずです。それ以外にも「アクションは、何も考えずに楽しみたい」「法廷ものは考えまくって見る」「文芸ものはこう」「史劇はこう」という違いもあるでしょう。脚本家も、もちろん、「できるだけ分かりやすくしよう」(時には、わざと「分かりにくくしよう」と思ったりしつつ)と、色々な意味で言葉を選んでいくはずです。それなのに字幕には使える漢字に縛りがある。一定の制限がある。そういう「ルール」は字幕には必要ないと思います。

常用漢字にあっても読みにくくなる漢字にはルビを付けたり(例えば「止めろ」とか。「とめろ」か「やめろ」か分かりにくそうなら、ルビを付けるとか、漢字にしないでひらがなにするとか)、常用漢字になくても読みにくいわけではない復讐にはルビを付けない、とか。いずれスター・ウォーズの3作目も『ジェダイの復しゅう』になっちゃうんでしょうか。でもこれでは「復しゅう」が「復讐」なのか「復習」

なのか分からないかも。

結局、その作品の字幕を作っている人のバランス感覚そのものがルールになっていいと思うのです。そのルールが偏っていたら、校正する人が補正する。その補正が多い人は、この仕事で長く食べて行くには向いていないと思うべきかと。とにかく「誰がどう言った」、「何かの決まりに従った」、「だからいいだろ?」と思うのは違うと思います。

映画だけでなくテレビも同じです。学校で習わない漢字をどんどん使ったらいいと思います。「読めない人がいたら困るだろう」と思うなら、ルビを付ける。それで小さな勉強にもなる。学校を卒業した後、大して勉強もしていない私のような人間からすると、漢字表記の一部がひらがなになっていってしまうと、少しは見覚えがあった漢字をどんどん忘れていきます。

せっかく義務教育があって、そこでは漢字の勉強もするのに、もったいないと思います。

配給会社（か製作会社）が提供してくれる台本の功罪

世界各国の翻訳者向けに撮影スタジオ（か、製作会社か、配給会社）が出してくる台本があります。これはあくまで私個人の経験ですが、原語の台本にはト書きがあり、地のセリフがあり、親切なものだと、スラングとしてどんな意味があるか注釈がついていて、各国語の翻訳者を助けてくれます。さらに親切なものだと地のセリフではなく、翻訳のためにスリムな表現に置き換えたセリフが書いてあります。要するに、原語台本の中にはハコ書きをすでにやってくれているものがある、という事です。

このハコ書きは、場合によってはカット替わりのタイミングで（文章の途中でも）セリフを切ってあったりします。イタリック（斜体）と正体を几帳面に切り分けてある台本もあります。

基本的にはこれに従って訳せばいいのですが、時々残念な事が起こります。何らかの追跡シーンがあるとして、追手たちが「お前は右、俺は左を探す」といったカットの流れを追いやすくするセリフを「訳さなくていい」部分に指定していたり、主人公の気持ちを代弁するような曲の歌詞を訳さない事になったりします。古い作品ですがマリリン・モンローの『バス停留所★』は冒頭の歌で主人公の思いが分かるようになっています。「何でもするから俺と結婚してくれよ」といった歌詞です。これから始まる物語を凝縮したような歌ですが、これが訳されていないソフトがありました。劇場公開時には入っていたかもしれないし、現状で見られるバージョンには字幕がついているかもしれませんが。こういう場合、英語を直接理解して映画を見ている人は、冒頭のクレジットが終わる頃には、この作品の世界に入る準備ができているのに、英語の歌詞を理解せずに音楽を聞いているだけだと、セリフに対する字幕から物語を追う事になります。歌詞の訳さえ入っていれば、英語が分かる人も分からない人も同じタイミングで作品を楽しめるのに残念です。

日本語字幕は他の国の字幕と比べてすごく深化していて、もっともっと丁寧に作れるので、独自に作ればいいだけの事なのだと私は思います。「台本の切り方通りに切って訳してね」という事になると、やりにくいのではないかと。

『バス停留所』Bus Stop（56・米）ジョシュア・ローガン

カンニングです

色々書いてきましたが、私も誤訳探しを心がける事はありません。以前の訳があるなら、それを一度見れば話の理解が早いのは確かですし、少しは気が楽です。言葉は悪いですが、楽をしたくてカンニングしているのです。でも残念ながら訳しやすい部分はカンニングしなくても似たような訳になり、訳しにくい部分は以前の訳はあまり参考になりません。多くのセリフには映像の行間を読ませるヒントになる情報が入っています。それが訳せていない字幕が多いのです。それを盛り込もうとすると新しく訳し直す事になります。この「映像の行間を読ませるヒントになる情報」は、言い換えると「ニュアンス」のようなものです。それを汲んだ字幕になる方がオリジナルの作者の意図に近くなります。そういう字幕を心がけるというのが私の信条です。

何にしても誤訳は避けたいものです。そうした誤訳に気がついたら私は直したいと思います。その意味では以前の字幕を見て誤訳に気づくと、それには感謝します。「ああ、ここはこの言葉を取り違えているんだな」とか「この情報を汲めていないのが問題だな」といった具合に分析的に見ると適切な訳を作りやすくなるからです。ところで字幕制作のプロセスには「チェック」が必ず入ります。誤訳がないかもチェックすべきですが、どうもそのチェックをする立場の人の経験が─ここまで何度か書いていますが─追い付いていないように感じる事が多いです。

映画という財産

世の中で最も高価な物とは何でしょう？　命に決まっています。では金銭的な価値で換算できる物に限定すると何か。映画だと断言はしませんが、映画の価値は高いと思います。

多くの人々の知恵と技術の集大成が1本の映画に仕上がる。製作費１００億円の大作も、１００万円の作品も、多くの人たちの寝不足と汗の結晶です。それを90分とか2時間で一気に見るのが映画です。よくも悪くも人の知恵が今の世界を作りました。映画ほど一気に人の知恵の集積を見られるものは、そうそう他にあるものではありません。どんな宝石よりも価値があると私は思います。懐が豊かにならなくても心を豊かにしてくれるのが映画です。

形に残るものではありません。でも心の中に残ります。だからこそ忙しい時間の合間を縫ってでも、わざわざ1000円以上する入場料を払ってでも、人は映画を見ます。映画館まで足を運ばなくても、テレビやビデオで映画を見る。この時間も貴重です。「時間」とは紛れもなく人生の一部ですから。その「時間」を使って人は映画を見る。そんな観客に今の映画の字幕業界は充分応えているでしょうか？人の心を豊かにする娯楽産業が心を失っているように私には見えます。

『八月十五夜の茶屋』をドイツ語字幕付きで見たスタンリー・キューブリック監督が、なぜ海外上映時の字幕にこだわるようになったのか。監督の作品のタイトルを借りると『監督の異常な執着／または私は如何にして心配し始め字幕を気にするようになったか』を、この本に詰め込んだつもりです。

翻訳家に晴れ舞台はありません。原語を聞いて映画を楽しんでいると、観客に錯覚を起こさせるのが本望です。

ショートコラム④娘が嫁になる『サランドラ』

『エルム街の悪夢』や『スクリーム』で知られるウェス・クレイヴン監督の異色作。ドライブ旅行の途中で砂漠で立ち往生する7人の家族を襲う悲劇です。この家族の母と娘は「お母さんってば、まったく」「あら、そんな言い方しないで」といった距離感で話しているのに、劇場公開版の字幕では1ヵ所だけ突然「お母さま、こんな時に残念ですわね」と娘が言い出す字幕がありました。90分ほどの作品で、他は全て先述の口調で母娘は会話しているのに。この奇々怪々な字幕を作った人も問題ですが、それをチェックしながら、劇場公開版の字幕としてOKを出した人は何をしていたのでしょう。もしかすると「奇想天外な異色作には奇想天外な字幕を仕込もう」と思ったのかもしれません。映画字幕の世界には広大な闇が潜んでいる気がします。

終章
ヘザーとヘザー

写真=『戦争のはらわた』

私が経営している会社は有限会社ヘザー。主業務は英語から日本語への翻訳と映像制作です。ヘザーというのは女の子の名前です。第一章にも書きましたが、私が彼女と出会ったのは１９８６年10月。当時の私は米軍基地がある横須賀に住み、桜美林大学の英文科１年で簡単な会話ができる程度の英語力でした。ヘザーの父親は空母ミッドウェイで戦闘機に燃料を入れる仕事をしていました。この年の秋、近所にヘザー一家が引っ越してきました。

父親のマイクは空母が出航すると数ヵ月帰りません。近所に住む私が母親のクリスに電気やガス代の支払いの仕方から日本語での挨拶などを英語で教えました。「シブヤに行ってみたい」「カマクラに行こう」などのリクエストにも応え案内しました。クリスが初めて作ったカレーはステーキ肉をブツ切りで入れてジャガイモを入れ忘れた「ステーキ in カレースープ」。「日本のカレー」の作り方も教えました。時々帰ってくるマイクが車で右側通行しそうになると「違う！」と叫ぶ係も私でした。この頃、ヘザーは８歳。彼女とはトランプなどをしてよく遊びました。ヘザーやクリスと会話を重ねる中で私の英語は上達していきました。そんな「御近所留学」が2年ほど続き、私はカナダに留学。帰国した時にはヘザー一家はハワイに転居していました。

その後、残念ながらヘザーは天に召されてしまいました。１９９３年6月、カリフォルニアで交通事故に遭い15歳で亡くなりました。１９８６年に学校の都合でアメリカにいたヘザーの姉のアマンダは、ヘザーが亡くなった後「She was too good to be here.」と言いました。「あの子は、この世にいるには良い子すぎて、早く天に召された」と。

その後も一家との交流は続き、１９９６年に会社を設立する時、ヘザーを会社名として使う事も快諾してもらいました。

そして21世紀に入り私の子供が生まれた日（子供は３ヵ月半の早産で超低体重でした）、偶然ですが私はヘザー一家の家にいました。会社を設立してから初の訪問でした。思い切り予想外の早産のため妻の出産に立ち会えない私に母親のクリスは「ヘザーが守ってくれるから必ず大丈夫」と言い、私もそう思いつつも状況が分からず、本当に祈る思いで２日後にようやく帰国しました。子供は退院まで半年かかりましたが、今では無事に成長しています。ヘザーが天国から私たちを見守ってくれている気がします。

ヘザーの英語は私の中で生きています。これからもヘザーに支えられながら、私は「ヘザー」を支えていくのだと思います。

Heather is too good to die twice.

２０１８年11月３日

あとがき

この本には字幕に関する私の知見が詰まっています。「字幕」という言葉が８００回以上、この本には出てきます。「字幕」への思い入れの結果ですが、これで私が字幕に関して何でも知っているかといえば、それは違うでしょう。私から見える字幕は世の中に溢れ返る字幕の海のほんの小さな部分でしかありません。これだけ書いてきたのに、私は何も分かっていないのかもしれない。それもあり得る話です。字幕を作る人間は、自分の原稿に向き合う時間が圧倒的に長く、それ以外を見る時間は限られてしまいます。冒頭にも書きましたが、客観的に字幕を見るのは、色々な意味で大変な事です。自分の原稿に向き合う時間が圧倒的に長いという事は、こうした本を書く時間も、そうそう作れるものではないという事です。それでも、ひとまずここまで来られました。異論も歓迎です。字幕演出家である私としては、「字幕」に関する議論が広がれば本望です。「字幕」は、こだわり抜いて作る価値があると思っていますが、こだわり抜いて見る事はあまりないものですから。

本書はスティングレイの岩本社長の提案から始まりました。最初の提案から1年半ほどが過ぎて、やっと形になります。過去に書き溜めていた文章に手を加えたものが多いのですが、1冊の本に仕上げるのは大変でした。岩本社長に感謝します。

２０１８年11月22日　落合寿和

著者紹介

落合寿和

1967年生、神奈川県三浦市出身。大学を卒業した1990年に字幕翻訳家としてデビュー。WOWOW放送開始特番を始め、映画、報道、音楽、スポーツなど様々な分野の字幕翻訳及び吹替翻訳を担当。「シネマ通信」や「王様のブランチ」の映画コーナーの他、映画の情報番組でもインタビューやメイキング映像などを翻訳。TBSで放映された情報番組「新ドキュメントUSA」「60ミニッツII」ではディレクターとして700時間ほどの日本語版を制作。TBSでは長野オリンピックで同時通訳も経験した。1996年に有限会社ヘザーを設立し、上映・放映時間にして現在までに6000時間ほどを翻訳している。

映画の字幕ナビ

2019年2月25日　第1刷発行

著　者／落合寿和
発行者／岩本克也
発　行／株式会社スティングレイ
〒150-0072　東京都渋谷区幡ヶ谷3-20-2 TSビル201
TEL.03-6412-7328　FAX.03-6412-7329
http://www.allcinema.net/

写真提供／アフロ
写真協力／メダリオンメディア

編　集／星野裕
装　幀／桜井雄一郎

印刷・製本／シナノパブリッシングプレス

ISBN 978-4-909717-02-3